T0019734

JOSUÉ

12 CLAVES

PARA UN LIDERAZGO

ESTRATÉGICO Y SOBRESALIENTE

RUBÉN FERNÁNDEZ
ELÍAS BETANZOS

Editorial CLIE
www.clie.es

EDITORIAL CLIE
C/ Ferrocarril, 8
08232 VILADECAVALLS
(Barcelona) ESPAÑA
E-mail: clie@clie.es
http://www.clie.es

JOSUÉ
12 claves para un liderazgo estratégico y sobresaliente
ISBN: 978-84-19055-42-2
Depósito Legal: B 7370-2023
Vida cristiana
Liderazgo y mentoría
REL108030

Acerca de los autores

Rubén Fernández

Es misionero global en la Iglesia del Nazareno. Por los últimos veintiocho años ha sido rector del Seminario Nazareno de las Américas (SENDAS) —institución teológica de posgrado de la Iglesia del Nazareno. Fungió también como Coordinador Regional de Educación y Desarrollo Pastoral para Mesoamérica, supervisando ocho instituciones de educación superior que sirven a 32 países y que cuentan con más de 5 000 estudiantes. El Dr. Fernández ha servido como pastor, superintendente de distrito, director de la misión, miembro del Comité Global de Estudio de los Artículos de Fe, miembro del Comité Consultivo Internacional del Curso de Estudios para Ordenación, miembro de la Junta Internacional de Educación y consultor de la Junta General de la Iglesia del Nazareno, entre otra funciones. Ha escrito dos libros y ha contribuido con artículos en publicaciones tanto en español como en inglés. El Dr. Fernández ha sido conferencista en cinco continentes, y como profesor se especializa en los temas relacionados con liderazgo y administración de la iglesia.

El Dr. Fernández tiene un bachillerato en Ministerio Cristiano del Seminario Nazareno Sudamericano en Argentina (su país de origen), un bachillerato en Teología de la Universidad Nazarena en Costa Rica, una licenciatura en Administración de Recursos Eclesiásticos de la Universidad Evangélica de las Américas en Costa Rica, una maestría en Ciencias de la Religión con Mención en Misiología de la Universidad Evangélica de las Américas, en Costa Rica, un doctorado en Ministerio del Nazarene Theological Seminary en Kansas City, Missouri, EE. UU. y un doctorado en Teología (ThD) con énfasis en Eclesiología de la Universidad Evangélica de las Américas de Costa Rica. Su esposa, la Dra. Mónica Mastronardi es también una ministra ordenada en la Iglesia del Nazareno, autora y editora. Los Fernández viven en San José, Costa Rica, y tienen dos hijos y cuatro nietos.

Elías Betanzos

El pastor Elías Betanzos es un presbítero de la Iglesia del Nazareno, mexicano de nacimiento y contador público de profesión. Adicionalmente, estudió una licenciatura en Teología en el Seminario Nazareno Mexicano, con estudios superiores de posgrado en Psicología, además de obtener dos diplomados del Instituto Tecnológico de Monterrey en Mercadotecnia y Alta Dirección y un diplomado en Desarrollo Institucional por la Universidad de Indiana. A nivel de maestría también tiene estudios teológicos.

El reverendo Betanzos tiene un espíritu emprendedor con dones de predicación y liderazgo, ha ministrado en iglesias del Distrito Federal y Chiapas, pero hace cerca de 30 años aceptó el reto de iniciar el CAP (Centro de Alabanza y Proclamación) con solo 12 personas, el cual, actualmente, es una iglesia que junto con sus congregaciones satélites ministra alrededor de 7 000 personas. Adicionalmente, el pastor Elías Betanzos fue electo como superintendente (o supervisor) en el distrito Oaxaca Norponiente en México, hace ocho años. Recibió 14 iglesias y menos de 3 000 personas en la lista de membresía. En la actualidad, el distrito cuenta con 60 congregaciones y más de 12 000 miembros.

Hay algunas pautas para este crecimiento exponencial que tienen que ver con principios de liderazgo totalmente transferibles, algunos de los cuales se exponen en este libro.

El pastor Betanzos graba diariamente Cita con Dios, un microprograma que se comparte por WhatsApp a más de 40 000 personas.

Además de pastorear el CAP, el pastor Elías es director general de la organización Manos de Ayuda A. C., una asociación que presta ayuda médica y social a personas de escasos recursos económicos.

Junto al Dr. Rubén Fernández lleva adelante la Iniciativa Bernabé, un proyecto internacional de capacitación de pastores y líderes congregacionales proactivos y reproducibles.

Con su esposa Mabel, actualmente viven en la Ciudad de Oaxaca y tienen tres hijos: Jocabed, Abigail y Elías.

Dedicatorias

Para mi hermano, Dr. Carlos Hugo Fernández,
líder estratégico y sobresaliente.
Elías Rubén

Para mi hermano Nahum Betanzos Luis,
a quien extraño cada día,
un hombre de fe inquebrantable,
apasionado de su familia y siervo de Dios.
Elías Betanzos

ÍNDICE

Prólogo

Corren tiempos nuevos para la sociedad y el mundo. La pandemia, ese monstruo que no conocíamos, ha llegado para desordenar nuestras rutinas y perturbar "la normalidad" de nuestras vidas. Se nos anuncia una "nueva normalidad" que aún no vislumbramos cómo será. El confinamiento obligatorio, el distanciamiento físico, el cambio en las modalidades de educación y de trabajo, así como el uso masivo de las plataformas de comunicación virtual, por mencionar solo unos pocos cambios, nos avisan que nos esperan nuevas maneras de ser, actuar, creer y relacionarnos.

Las iglesias, desde las más antiguas hasta las más nuevas, la de raigambre denominacional como las llamadas postdenominacionales, las evangélicas y por igual la católica, entrevén ese impacto, pero no adivinan los cambios que esa nueva "anormalidad" requerirán en su manera de ser y de actuar ante el nuevo mundo. De oídas están oyendo lo que se aproxima, pero aún sus ojos no lo ven, para parafrasear el viejo texto del libro de Job. Pero sea como sea, uno de los ámbitos que requerirá hondas trasformaciones será el liderazgo.

En las últimas décadas, el ejercicio del liderazgo eclesial experimentó un sinnúmero de cambios. Hace muchos años, el liderazgo pastoral giraba alrededor de una persona que, aunque conocía la doctrina y sabía el arte de cómo enseñarla, no era diestro en las técnicas modernas de la gestión de proyectos, del levantamiento de fondos, de la administración financiera y de la gerencia pastoral. Era pastor y eso bastaba para ser líder. Pero hoy, después del gran crecimiento numérico de muchas congregaciones y la incursión de sus líderes en los debates electorales de sus países, esa figura pastoral mutó hacia un liderazgo entrenado en las ciencias administrativas, hábil en el uso de los medios de comunicación y deseoso de incursionar en las instancias de poder político.

Este nuevo perfil de liderazgo se ha erigido, en gran manera, con marcos procedentes de la empresa privada y el mundo corporativo. Sus líderes lo saben; las iglesias también, y argumentan que han prestado estos modelos con la buena intención de que la obra del Señor crezca y el Reino de Dios sea proclamado. Nadie niega que ese propósito no haya sido sincero y honesto pero, la verdad es que, en el uso, a veces desmedido de esos patrones empresariales, hay iglesias que se han convertido en grandiosos proyectos comerciales y sus pastores en notables figuras gerenciales. El riesgo no hay ni qué mencionarlo porque lo sabemos: cambiar lo que otrora fue una aspiración ministerial en un proyecto comercial. Siempre es un riesgo cuando los fines no van acompañados de los medios afines.

Por todo lo anterior es que se hace perentorio examinar los actuales modelos de liderazgo cristiano, sobre todo saber de dónde surgen y cuán cercanos están a los valores del Evangelio del Reino. En otras palabras, la renovación del liderazgo cristiano reclama un regreso a sus fuentes bíblicas, a su raigambre espiritual y, sobre todo, al ejemplo y modelo de Jesús de Nazaret, "el que afirma que permanece en él debe vivir como él vivió" (1 Juan 2:6). Al fin y al cabo, es Jesús nuestro modelo de vida, antes de Steve Jobs, Mark Zuckerberg, Bill Gates u otro de los nuevos *gurús* del emprendimiento y del éxito.

Pues bien, el libro que tengo el honor de prologar, escrito por los pastores Dr. Rubén Fernández (Argentina) y Dr. Elías Betanzos (México), viene a llenar uno de los vacíos ya descritos: el de hurgar en las Escrituras (como el buscador de tesoros de Mateo 13:52) lo que ella tiene para contarnos acerca del ejercicio del liderazgo, los desmanes del poder y los valores que deben guiarnos cuando administramos, dirigimos, coordinamos o cumplimos una de las tantas labores asociadas con el liderazgo. Los dos autores, nos conducen de su mano hasta el siglo XIII a.C. para presentarnos a un líder emblemático en el Primer Testamento, Josué, hijo de Nun y ayudante de Moisés (Josué 1:1).

Cada uno de los capítulos examina en detalle el perfil de Josué como líder, pero sin quedarse en aquellos siglos de la escabrosa conquista militar, tan llena de violencias inconcebibles para nuestro siglo. Nuestros dos autores, con suma sensibilidad pastoral se preguntan por las lecciones para el ministerio de nuestros días. Y así, consideran temas vitales para el liderazgo cristiano, como el llamamiento del Señor, la importancia de encarar el futuro con fe, la fidelidad a las Escrituras, la confianza en las promesas de Dios, la actitud persistente aun cuando las circunstancias son difíciles, el valor de la memoria esperanzadora, la realidad de nuestra falibilidad humana y el legado para las generaciones venideras, entre otros temas, todos por igual iluminadores y desafiantes.

Los doctores Fernández y Betanzos nos regalan en este libro no solo esos destellos bíblicos a partir del personaje histórico, sino también lecciones que vienen de su propia experiencia como pastores, docentes, directivos eclesiales y padres y esposos. Quizá esto valga destacarlo más: es un libro que no pretende extraer lecciones bíblicas dejando que el personaje histórico se haga responsable de todas las lecciones. Como si se dijera: ¡ahí está Josué, que responda él! No, los escritores han puesto la cara para decirnos de qué manera sus experiencias ministeriales avalan las lecciones y las enriquecen.

¿Qué más puedo agregar? Algo para quienes tendrán el gusto de leer el libro: ábranlo junto con el libro de Josué. Piensen en sus vidas de hoy a la luz de las experiencias que vivió el líder ayer. Mediten en lo que sugieren los autores y pídanle al Señor la actitud de Josué cuando escuchó el mensaje del Señor:

"Entonces Josué se postró rostro en tierra y le preguntó:
—¿Qué órdenes trae usted, mi Señor, para este siervo suyo?
El comandante del ejército del Señor le contestó:
—Quítate las sandalias de los pies, porque el lugar que pisas es sagrado.
Y Josué le obedeció".

Obedecer la voz de Dios fue el secreto de liderazgo de Josué, así lo demuestran los autores. Y debe ser el nuestro también.

Harold Segura
Director del Departamento de Fe y Desarrollo de *World Vision*
para América Latina.

Introducción: Josué, un líder superior

Josué fue un líder destacado, no solamente en la narrativa del Antiguo Testamento, sino que también sobresale en toda la Escritura. De hecho, las acciones que llevó a cabo en su liderazgo fueron decisivas para el resto de la historia de Israel.

Curiosamente, al leer la Palabra a veces nos entristece observar que muchos de los personajes célebres del Antiguo Testamento —de los que predicamos y enseñamos— en algún momento de su trayectoria fallaron, equivocaron el camino. En algunos casos fueron faltas leves, pero en otros casos tuvieron consecuencias serias. Abraham mintió, José acusó en falso, Moisés desobedeció, Jonás se acobardó, Elías se deprimió, David adulteró, y la lista sigue.

Sin embargo, no encontramos en la narrativa de la historia de Josué nada parecido. Desde que fue enviado como un joven espía a Jericó, hasta que en su ancianidad ofrece su discurso de despedida al pueblo, Josué se mantuvo fiel, desarrollando un liderazgo intachable. Por supuesto, Josué se equivocó —como bien analiza el pastor Betanzos en el capítulo 9. No existe el líder libre de errores.

El nombre Josué significa "El Señor salva" o "El Señor da la victoria". Es el equivalente hebreo al término griego de Jesús. Se calcula que tenía ochenta y cuatro años cuando cruzó finalmente el río e introdujo al pueblo en la tierra prometida. Ocupó y consolidó la región de Canaán y repartió las tierras entre las tribus de Israel. Fue un líder único para el tiempo histórico en que le tocó vivir.

Aunque obviamente ningún líder que haya vivido en esta tierra puede compararse con Jesús, el más grande de todos por mucha distancia, es bueno estudiar siervos y siervas del Señor que hicieron una diferencia en su generación al mantenerse firmes en sus valores y misión. Este es el caso de Josué. De hecho, como ya mencionamos, las acciones realizadas bajo su liderazgo fueron determinantes para todo el resto de la historia del pueblo de Dios.

Repasemos brevemente la vida de Josué y descubramos juntos 12 claves de su éxito. Estos principios están todavía vigentes y pueden ayudarnos hoy, independientemente de cuál sea nuestro ministerio en la iglesia.

1. Aprendiz sucesor: para tener autoridad estuvo bajo autoridad

*Y se levantó Moisés con Josué su servidor,
y Moisés subió al monte de Dios.*

ÉXODO 24:13

Es importante que entendamos bien la autoridad, y para entender la autoridad debemos entender al poder:

Poder: es la facultad interna o externa que nos permite mandar o ejecutar una cosa. Ahora bien, existen varias clases de poder, entre ellas:

Linaje o prestigio: Por haber nacido con un apellido ilustre y vivir entre cierta élite social.
Poder económico: el poder que da el dinero. Muchas veces el dinero se hereda de los padres, pero otras veces hay una generación que hace el dinero y eso da poder.

Poder por reconocimiento o fama: héroes de guerra, personajes famosos adquieren poder por lo que hicieron (ganar una batalla clave o filmar muchas películas o ser deportistas muy conocidos).

Poder de experto: por tener pericia, destreza, experticia en su campo.

Poderes de dominio (de recompensa y coercitivo): el patrono de una empresa ejerce poder de dominio sobre sus empleados. Por ejemplo, los premia con un bono extra a su salario si llegan todo el mes temprano, o se los quita si no lo hacen.

Ahora, si hablamos de **autoridad**, es el derecho de ejercer poder y el ejercicio mismo de ese poder. Y existen dos clases de autoridad: la formal y la auténtica.

A la *autoridad formal* normalmente se la asocia con la institucionalidad. La autoridad "formal" es sinónimo de lo que John Maxwell (1996) llama liderazgo por posición (p. 26). El nivel **posición** es el que ocupamos al asumir el liderazgo en cualquier empresa, aula de clase o ministerio. Usted es líder porque resultó electo en una asamblea, lo escogió una junta directiva o lo contrató un líder superior.

Esto le permitirá tener un cartel en la puerta de su oficina que indica su cargo, y le dará poder para tomar decisiones dentro de su esfera de acción. Sin embargo, en esta etapa, su influencia será ínfima. Estará limitada a su descripción de trabajo. Las personas no se esforzarán por hacer más de lo que se les ha requerido.

Hace ya varios años se publicó una encuesta hecha a más de 200 líderes cristianos en 22 países de nuestro continente. Lamentablemente, ante la pregunta: ¿cuáles son las fortalezas del liderazgo actual? el último lugar lo ocupó la autoridad (Solís, 1996, p. 3).

Sí. Hay una crisis de autoridad, pero de una autoridad auténtica.

Es interesante ver como en el campo de la ciencia administrativa hay toda una nueva visión en cuanto a lo que a gestión del personal se refiere. Quienes desarrollamos labores administrativas en empresas hace más de treinta años, vemos el notable contraste entre la manera en que se manejaban aquellas y la nueva concepción del liderazgo empresarial, que no es ni más ni menos que la vuelta al principio bíblico del servicio.

Fredy Chapuis, señala que: "Todo directivo, debido a su posición jerárquica y a su función, está investido de una parcela de autoridad formal. Esta representa los "poderes" que posee y que le dan derecho a decidir, mandar, premiar o sancionar en una determinada área de la organización". Hoy en día, los poderes formales no bastan a los directivos para cumplir su misión; deben poseer, además, las cualidades básicas de la *autoridad auténtica*, la que logra la adhesión; inspira el respeto espontáneo; arrastra la subordinación sin violencia, la disciplina voluntaria; crea la confianza y la buena voluntad. Puede ser definida, pues, como el don de imponerse a los demás de forma natural (Chapuis (s/f) citado en Soriano, 1996, p. 46).

Claudio Soriano (1996, pp. 26-27) agrega que: "la autoridad formal se origina en la posición jerárquica que ocupa la persona (poderes, título, función) y en el apoyo recibido de los superiores... La autoridad auténtica, por su parte, se origina en la personalidad... el respeto que se inspira y la capacidad para servir como ejemplo".

La autoridad auténtica del líder espiritual viene de Dios. Ahora bien, muchas veces poseemos también la autoridad formal, es decir, tenemos un cargo o posición que nos confiere poder. Sin embargo, permíteme darte un consejo: cuanto menos usas tu poder más crece tu autoridad. Cuando gastas (o desgastas) tu poder, al mismo tiempo decrece tu autoridad. Por eso debes estar seguro de cuándo es estrictamente necesario usar tu poder, y hacerlo. Como dice el viejo dicho: "escoge las batallas que vas a pelear".

El pastor ejerce su autoridad cuando una oveja se sale del camino. Para eso tiene el cayado, para atraerla otra vez a la ruta correcta. Sin embargo, esa es la excepción, y no la regla.

Jesús tenía autoridad interior. Recordamos que no se nos dice que tuviese una apariencia física impresionante, sabemos que no poseía riquezas, ni ocupaba un lugar prominente desde el punto de vista social, ni tenía categoría. John Stott nos dice además que Jesús tampoco tenía estudios formales como Rabino (Stott, 1994, p. 108). No era una persona que tuviese éxito a juzgar por la opinión del mundo, pero a pesar de ello se ganó el respeto de la gente y ejerció una poderosa influencia sobre ella en virtud de su autoridad. Después de escribir el sermón del monte, Mateo nos dice que Jesús: "... enseñaba como quien tiene autoridad, y no como los escribas" (Mateo 7:29).

Finalmente diremos, junto a Tom Marshall, que en el mundo en que vivimos, "el liderazgo y el estatus van mano a mano". El estatus alimenta el orgullo, nutre la vanidad y el amor propio, tiende a acentuar el lado dañino del poder; nos hace creer que pertenecemos a alguna rara y selecta clase superior (Marshall, 1998, p. 95).

En Juan 13:12-15 nos dice lo siguiente:

¿Sabéis lo que os he hecho? Vosotros me llamáis maestro y Señor y está bien porque lo soy. Pues si yo, el Señor y el Maestro, os lavé los pies, vosotros también debéis lavaros los pies unos a otros. Porque os he dado ejemplo, para que como yo os he hecho, vosotros también hagáis.

Los discípulos no querían lavarse los pies entre ellos, no porque fuera un trabajo sucio, sino porque era un trabajo servil, una tarea baja en estatus, el trabajo de un esclavo.

Cuando trabajaba en un banco privado hace muchos años en Argentina, era fácil identificar quien era el dueño de la empresa por sus notorios símbolos de *status*. Su oficina era la más grande y lujosa y obviamente estaba en el último piso del edificio central (encima de todos nosotros, los empleados), su secretaria tenía secretaria, entre otras ostentaciones.

Jesús no negó ni mucho menos abdicó a su autoridad. Jesús tenía claro que era líder y se los dice; pero él les había lavado los pies. Al hacerlo, les estaba demostrando su rechazo al síndrome del *status*.

Hace unos años, esperando para tomar un avión, junto a mí estaba un premio Nobel, figura pública muy famosa. Me sorprendió un poco verlo hacer humildemente la fila para ser chequeado con el resto de las personas. El oficial de seguridad al identificarlo abrió una nueva línea como cortesía y lo invitó a pasar adelante, a lo que él aceptó discretamente. Diciendo esto, estoy tratando de evitar que se me malinterprete. Cuestiones de muestras de respeto por la autoridad y normas de etiqueta básicas, no necesariamente son símbolos de estatus que debemos rechazar sistemáticamente. A veces sí será necesario hacerlo. Lo más importante es nuestra actitud interna hacia esas expresiones.

Regresando a nuestro líder en estudio, debemos recordar que Josué fue amigo, pero también siervo, discípulo y sucesor de Moisés. Tenía algo más de 40 años en la época del Éxodo, cuando Moisés lo eligió como su ayudante personal, y le dio el mando de un destacamento para rechazar a los amalecitas (Éxodo 17:9). Mientras Moisés estaba solo con el Señor en el monte Sinaí, Josué hacía guardia. Cuidó fielmente el tabernáculo de Dios en su traslado por el desierto, y nunca se contaminó con el pecado del pueblo cuando se hizo un becerro de oro para adorarlo.

En resumen, para tener autoridad, debo estar bajo autoridad. Esto es algo básico en el arte del liderazgo. Sin un Josué, el trabajo de Moisés hubiera quedado incompleto. Pero ¿cuál fue el secreto? Josué estuvo no unos días o semanas, sino años bajo el liderazgo de Moisés, estando sujeto a él, observando, obedeciendo, aprendiendo y eso, justamente, le dio autoridad para llegar a ser quien fue.

2. Asumir su papel: conquistó su destino

Mi siervo Moisés ha muerto. Por lo tanto, ha llegado el momento de que guíes a este pueblo, a los israelitas, a cruzar el río Jordán y a entrar en la tierra que les doy. Te prometo a ti lo mismo que le prometí a Moisés: "Dondequiera que pongan los pies los israelitas, estarán pisando la tierra que les he dado".

Josué 1:2-3

En la actualidad, la iglesia local que pastoreo, el Centro de Alabanza y Proclamación, en la ciudad de Oaxaca de Juárez, México, es una congregación cercana a los 7 000 miembros y con más de 50 iglesias que han sido formadas a lo largo de 25 años con una membresía aproximada de 12 000 miembros. Estos han sido sueños cumplidos por parte de Dios para mi vida y ministerio.

Todos estos resultados tuvieron un comienzo muy pequeño, pero con una gran visión de parte de Dios. Es muy importante la preparación para los próximos 10 años, que no pase una década en la que tú digas: "Perdí mi tiempo, no sé cómo pasó". Conforme transcurren las semanas y los meses nos vamos dando cuenta que el tiempo pasa muy rápido, y al final de diez años puede que no hayas logrado nada o puede que hayas avanzado en tus metas.

En el liderazgo debemos comprender que no podemos dejar que el tiempo pase sin lograr nada, porque déjame decirte que dentro de diez años habrá muchos cambios en la sociedad, en la tecnología, en la Iglesia y sobre todo en el liderazgo. Por eso debemos entender que la preparación es lo que nos ayudará realmente, nos permitirá seguir adelante y alcanzar objetivos.

Existen tres problemas que como líderes enfrentamos, y que no nos permiten seguir avanzando hacia nuestro destino. Primero que nada, debes comprender que el pasado no debe encadenarte. El pasado te puede paralizar, por eso cuando hablamos de Josué debemos comprender que Dios usó a Josué a pesar de su pasado. Cuando hablo con las personas sobre lo que les impide avanzar, soñar en grande o creer que Dios los va a usar, me doy cuenta de que muchas de ellas están encadenadas al pasado, simplemente dicen: que sus padres nunca los abrazaron, que sus familiares hicieron algo con ellos, o cosas semejantes, echándole la culpa a los demás; eso los mantiene con rencor, con miedo, inseguros, con un pasado que no han podido enterrar.

En Josué 1:2, las Escrituras dicen: *Mi siervo Moisés ha muerto. Por lo tanto, ha llegado el momento de que guíes a este pueblo, a los israelitas, a cruzar el río Jordán y a entrar en la tierra que les doy.* Este pasaje nos enseña que debemos entender que el pasado ya quedó atrás, Josué debía reconocer que Moisés había muerto, que aunque el pueblo esperara que las cosas se siguieran haciendo a la manera de Moisés, eso ya no iba a suceder, Moisés ha muerto, ahora le toca a Josué guiar a su pueblo.

Hay otras personas que no tienen problemas con el pasado, pero tienen problemas con el presente. El pasado no es problema para ellos, pero viven desanimados por el presente. No les ha ido bien, no han alcanzado sus sueños, el presente ha sido malo, la economía no está bien, y viven desanimados en el presente, son personas que dicen: "No quiero vivir, no me importa la vida, no quiero pensar en nada". Están paralizados por un presente que les ha causado desanimo. El gran problema con el presente es pensar que las cosas seguirán como están actualmente y nunca podrán cambiar. Josué podría pensar que iba haber siempre luto por Moisés, pero la vida sigue.

Otras personas no tienen problemas con el pasado ni con el presente, pero tienen problemas con el futuro, se sienten inseguros. ¿Qué va a ser de mí en estos seis años? ¿Qué va a pasar en la economía? ¿Cómo voy a enfrentar estos años que vienen? Y hay mucho temor y mucha inseguridad por el futuro. Josué nos muestra que él estaba temeroso de lo que iba a comenzar, nunca alguien había conquistado una tierra a la manera que Dios quiere, por eso Dios le dice en el primer capítulo de Josué que él *sea esforzado y valiente.*

Lo que encontramos en la Biblia es que Dios no quiere que desperdiciemos nuestras vidas con estos problemas, Dios no quiere que vivamos en derrotas, Dios no quiere que vivamos desanimados, Dios no quiere que vivamos inseguros, Dios no quiere que andemos a la deriva; Él quiere que tengamos vida, y vida en abundancia. Pero vivimos en un mundo donde hay aflicción. En el liderazgo habrá muchos problemas, durante los años en el ministerio he tenido que lidiar con muchos problemas, y siempre he querido responder de la manera en que todos respondemos, pero Josué nos enseña que hay problemas que debemos resolver no como normalmente lo harían los demás, sino con obediencia en Dios, quien puede hacer las cosas más atrevidas si tan solo le crees y obedeces.

¿Cómo enfrento estos problemas? ¿Cómo enfrento la derrota, el desánimo y el temor al futuro? La única manera para que nosotros podamos contrarrestar estos problemas es que nosotros podamos proponernos hoy a conquistar nuestro destino. Josué estaba entrando a la tierra prometida, ese era su destino al igual que el de todos los Israelitas que salieron de Egipto, pero cuando les preguntaron si querían conquistar la tierra donde fluye leche y miel, pero hay gigantes y grandes fortalezas, diez tuvieron miedo, solo Josué y Caleb vieron su destino muy claro y estuvieron dispuestos a conquistarla.

Cuando hablamos de destino, muchos entendemos el destino como aquellas versiones que nos han dado, de que el destino es algo fatalista, es algo que no se puede modificar, es algo que yo no puedo controlar. Incluso, el diccionario define el destino como: suerte, sucesos considerados como necesarios y fatales. ¿Qué quiere decir esto? Que hagas lo que hagas te va a suceder. La Biblia nos dice que podemos escoger el destino que queramos. Esto es importante porque cuando hablamos de liderazgo en la Iglesia, pensamos que eso ya estaba escrito, que los logros o fracasos de los líderes en la Iglesia es porque Dios así lo quiso. Sin embargo, a la luz de la Escritura debemos entender qué es el destino.

Primero, en Jeremías 29:11 encontramos lo que Dios quiere para nosotros al decir que: *Porque yo sé muy bien los planes que tengo para ustedes, afirma el Señor, planes de bienestar y no de calamidad, a fin de darles un futuro y una esperanza.*

El plan de Dios para tu vida no es un plan de calamidad, no es un plan de pobreza, no es un plan de fracasos, no es un plan de enfermedades, ese no es el plan de Dios. Nosotros tenemos que negarnos a vivir en ese plan, porque Dios nos está afirmando: "El plan que yo tengo para ti no es el plan de pobreza que tienes, no es el plan de enfermedad que tienes". Como vimos anteriormente, nuestro presente no es el fin, no es nuestro destino, por eso no te resignes a vivir en la forma que estás viviendo. No te resignes a decir: bueno, pues este es el plan de Dios: que yo sea infeliz, pobre y miserable toda la vida. Ese no es el plan de Dios, si alguien te dijo que ese era el plan de Dios, está equivocado, porque Dios está diciendo: yYo sé muy bien los planes que tengo para ustedes, son planes buenos, son planes de bienestar; no son planes de calamidad, a fin de darles un futuro y una esperanza.

El problema está en que nos acomodamos a nuestro presente y las circunstancias y comenzamos a apropiarnos de esas cosas circunstanciales diciendo: es mi problema, es mi enfermedad, y cosas semejantes. Quiero que puedas tomar en cuenta de que tal vez tuviste un pasado terrible, pero la verdad es que tu historia no ha terminado, quizás tu presente no es un presente muy bueno, pero Dios dice que tiene un plan para ti, un plan lleno de esperanza.

En segundo lugar, el destino está en tus manos. En su poema: En paz, el conocido escritor mexicano Amado Nervo declara: "Veo al final de mi rudo camino que yo fui el arquitecto de mi propio destino que; si extraje las hieles o la miel de las cosas, fue porque en ellas puse hiel o mieles sabrosas: cuando planté rosales, coseché siempre rosas" (Poemas del Alma, s/f, introducción).

Sé que afirmar que el destino está en nuestras manos no suena muy familiar para muchos, porque vivimos con la idea equivocada de pensar que el destino no se puede cambiar, o que no importa lo que hagas el destino debe cumplirse. Sin embargo, a la luz de las Escrituras, en Deuteronomio 30:15-19, debemos comprender que el destino Dios lo ha puesto en tus manos, al decir:

Hoy te doy a elegir entre la vida y la muerte, entre el bien y el mal.

Hoy te ordeno que ames al Señor tu Dios, que andes en sus caminos, y que cumplas sus mandamientos, preceptos y leyes. Así vivirás y te multiplicarás, y el Señor tu Dios te bendecirá en la tierra de la que vas a tomar posesión.

Pero si tu corazón se rebela y no obedeces, sino que te desvías para adorar y servir a otros dioses, te advierto hoy que serás destruido sin remedio. No vivirás mucho tiempo en el territorio que vas a poseer luego de cruzar el Jordán.

Hoy pongo al cielo y a la tierra por testigos contra ti, de que te he dado a elegir entre la vida y la muerte, entre la bendición y la maldición. Elige, pues, la vida, para que vivan tú y tus descendientes.

Dios nos ha dejado en claro que, primero, Él tiene un plan: Yo tengo un plan para ustedes, el plan que Yo tengo para ustedes es bueno, es perfecto, no es un plan de calamidad, es un plan de bienestar, es un plan precioso. Y segundo, que pone en nuestras manos la capacidad de elegir entre lo bueno y la calamidad.

Este pasaje se escribe antes de que Moisés muera. Tenía 120 años y estaba a punto de partir. Dios llama a todo el pueblo y a Josué y le dice: "Tú vas a ser el próximo líder de Israel". Ellos están al lado del río Jordán, la tierra prometida está cruzando el río Jordán, y ahora Dios les dice: "Ustedes pueden escoger entre conquistar la tierra o no conquistarla".

Esto tiene mucho que ver con nuestro ministerio, si Dios te llamó a un ministerio específico debes comprender que ese era un gran plan de parte de Dios, pero Él pone en tus manos la decisión de que ese ministerio sea bendecido o sea una calamidad. Dios nunca envía a nadie al infierno, nosotros tenemos la capacidad de elegir. Hoy tú tienes la oportunidad de tomar una decisión. ¿Qué le dice Dios al pueblo de Israel? "Yo les di a ustedes la tierra, ustedes la tienen que conquistar".

Lo que Dios siempre va a decirte es: yo tengo un plan bueno para ti, conquístalo, posee el intento, conquista el plan, ve y pelea por el plan que tengo para ti. No va a venir así nada más. No es que porque yo me la pase orando el plan de Dios va a venir automáticamente a mí. No funciona así. Yo tengo que conquistar el plan que Dios tiene para mi vida. Esta es la razón por la que hablar de liderazgo a través de la vida de Josué es muy importante. Así como para Josué, Dios tiene planes buenos, pero depende ahora de ti si los conquistas, si serás esforzado y valiente, si serás obediente.

En los próximos 10 años muchas cosas van a cambiar en la iglesia, en la sociedad y en el liderazgo, cambios tremendos. Algunos de ustedes que están leyendo este libro hoy se van a casar, otros van a terminar su carrera, otros van a empezar su carrera, unos se van a mudar a otra ciudad, otros seguirán en la que actualmente viven; muchas cosas van a suceder en estos 10 años. Pero si estás leyendo este libro estoy seguro que es porque quieres prepararte para tu destino, quieres conquistarlo. Por eso quiero compartir contigo un poco de mi experiencia conquistando mi destino. Imagina esto, Dios toma a Josué y le dice: "Ahí está la tierra prometida, ahí está el destino, ustedes elijan entre el bien y el mal". Tal vez te encuentras como Josué, viendo el horizonte, pero sin saber cómo comenzar, preguntándote: ¿cómo puedo conquistar mi destino?

Dios mismo nos da tres consejos que quiero compartir contigo, para que tú puedas llegar a poseer la tierra que Dios tiene para ti, para que tú puedes llegar a ser el hombre o la mujer que Dios quiere que tú seas, para que tú puedas lograr tener las cosas que Dios quiere que tú tengas. Para que llegues a ser ese líder con el que Dios sueña y desarrollar tu ministerio. Veamos lo que la Biblia tiene para nosotros.

Josué 1:1-2 dice:

Después de la muerte de Moisés, siervo del Señor, Dios le dijo a Josué hijo de Nun, asistente de Moisés: "Mi siervo Moisés ha muerto. Por eso tú y todo este pueblo deberán prepararse para cruzar el río Jordán y entrar a la tierra que les daré a ustedes los israelitas".

Josué sabía que Moisés había muerto, pero sucede que Dios tuvo que venir y decirle a Josué: "Moisés ha muerto" (es una llamada de atención), "Mi siervo Moisés ha muerto, por si no lo sabías", pero Josué lo sabe muy bien. ¿Qué ha pasado con Josué? Josué está paralizado, Josué no está haciendo nada y está a punto de entrar a la tierra prometida.

Josué era un hombre valiente, era de los que dijo: "Podemos entrar, podemos enfrentar a esos gigantes", pero Josué está lamentando la muerte de Moisés. Ya había pasado el tiempo de luto que había dado Dios (40 días) y Dios le dice: "Moisés ha muerto, entiérralo, tienes que dejarlo ir". ¿Quieres conquistar tu tierra prometida? Nunca vas a poder conquistar lo que Dios tiene para ti si sigues viviendo en el pasado. Tienes que dejarlo ir, tienes que olvidarte de lo que pasó, tienes que superarlo.

En mi juventud, para mí era un problema serio el que una muchacha me dijera que no era nada atractivo. El problema es que eso pasó hace décadas y por mucho cargué con esas palabras que no me dejaban avanzar. Me he encontrado con hermanas que dicen: "Hace 25 años mi esposo me dijo…" o hermanos que me expresan: "Hace 20 años me pasó lo que voy a contar…". Quizá, lector, estás guardando este tipo de cosas. Están en el pasado. Da vuelta la página, ¡supéralo!

Lo que Dios le estaba diciendo a Josué es: "No puedes iniciar una conquista a menos que entierres a Moisés". Mantener con nosotros a un muerto sería complicado. Tenemos que olvidarnos del pasado, tenemos que dejar atrás las cosas que nos sucedieron. Cuando tú vienes a Cristo, todas las cosas son hechas nuevas. Si tú estás en Cristo, nueva criatura eres, las cosas viejas pasaron, Él ha borrado todos tus pecados. Olvídate de tu pasado, deja ir lo que tengas que dejar ir, entierra a Moisés y mira hacia adelante, porque ahí adelante tienes la tierra prometida.

3. Llamado por Dios: comisionado directamente por el Señor

Luego el Señor le dijo a Josué: Este día comenzaré a engrandecerte ante el pueblo de Israel. Así sabrán que estoy contigo como estuve con Moisés.

Josué 3:7

El llamado es algo difícil de definir. El Dr. Ismael Amaya lo describió de la siguiente forma: "el ser llamado es como el estar enamorado: no lo podemos explicar, pero tenemos una seguridad absoluta dentro nuestro de que lo estamos". Alguien trató de explicarlo así: "es la exigencia interior por medio del Espíritu Santo a la obra del ministerio". A ese ministerio para el cual tú tienes dones, las herramientas que Él te ha dado. La misma pasión interior que sentía Pablo cuando dijo: "ay de mí (o pobre de mí) si no anuncio el evangelio" (1Co. 9:16). Él no podía hacer otra cosa. El llamado que Dios le había hecho era lo primero y más fuerte en su vida.

La Biblia nos muestra que:

El llamado es de Dios

Jesucristo dijo a sus discípulos: "No me escogieron ustedes a mí, sino que yo los escogí a ustedes y los comisioné para que vayan y den fruto, un fruto que perdure" (Juan 15:16).

Más tarde, cuando Pablo relata su conversión, cuenta que Jesús le dijo en el camino a Damasco: "... porque para esto me he aparecido a ti, para ponerte por ministro y testigo..." (Hechos 2:16).

El llamado no es una decisión humana. Dios es el que llama. Es algo sobrenatural. No es de los hombres. No es de la iglesia. Por lo tanto, no es un empleo que podemos dejar cuando lo deseemos. No es por dinero. Es una necesidad interior impuesta por Dios mismo.

Definitivamente el llamado no es algo humano, sino divino. Y si es Dios quien llama, reconocemos que:

Él lo hace como quiere

Si usted tuviera la posibilidad de hacer una encuesta entre 100 ministros, acerca de la manera en que recibieron su llamamiento, seguramente recibiría 100 respuestas diferentes. A algunos, Dios los llamó en una manera muy concreta, bajo una predicación, a otros Dios los llamó también, pero fue a través de hacerles conciencia de la necesidad de obreros para su cosecha. Algunos pueden recordar la fecha específica y los detalles, otros no pueden hacerlo, pero eso no quiere decir que no han sido llamados. A todos les llegó un momento en el cual Dios puso sus ojos sobre ellos y los escogió.

Él lo hace cuando quiere

Yo siento que Dios me llamó siendo un niño. Recuerdo muy bien cuando estando en segundo grado de primaria preguntaron a todos los de mi aula por escrito que íbamos a ser cuando fuésemos grandes, y yo respondí sin dudar "pastor evangélico" (y en aquellos años sí que eso sonaba raro).

Pero también Dios llama a personas adultas a su ministerio. En la parábola narrada por Jesús en Mateo 20:11, se nos dice que el dueño de la viña salió a las 9 de la mañana, a las 12, a las 3 y a las 5 de la tarde, porque le seguían haciendo falta trabajadores.

¿Sabes lo que está ocurriendo en muchos países de América Latina? Dios está llamando gente al medio día y a la tarde. Conozco a muchas personas que se han capacitado formalmente a un nivel profesional, que incluso han alcanzado posiciones sociales y económicas sólidas, que Dios está llamando ya de grandes a su servicio. Podría hablarte de empresarios, ingenieros, arquitectos, contadores, pedagogos, médicos, dentistas, economistas, administradores de empresas, abogados, sociólogos, historiadores y así podría continuar la lista. Muchos de ellos están sirviendo en el ministerio pastoral, y han comenzado a estudiar en nuestro programa de maestría al cual se puede ingresar con cualquier grado universitario, aunque no sea en teología. Algunos estudiantes han sentido la necesidad de dedicarse completamente a la obra del ministerio, y otros se mantienen en el ejercicio de sus profesiones, pero todos tienen claro que Dios les ha llamado, y quieren invertir el resto de sus vidas en servirle. Dios es Dios. Él llama cuando quiere. No importa que tú tengas 20, 40 o 60 años. De hecho, Josué tenía 70 años cuando, en las llanuras al lado del Jordán, fue consagrado como sucesor de Moisés.

Nunca es tarde para servir al Señor. Si Dios te llama cuando estás joven, magnífico, pero si Él lo hace en la tarde de tu vida te dará la misma recompensa que a los que trabajaron todo el día.

Una palabra más respecto al llamado de Josué. Interesantemente, tres veces Dios le repite a Josué que sea fuerte y valiente (vv. 6, 7 y 9), y luego el pueblo también se lo recuerda (v. 18) como condición para seguirle. Creo que Dios le estaba diciendo: Josué, ya no está Moisés en quien respaldarte, ¡ahora estás a cargo! Cuando somos líderes, estamos permanentemente expuestos en la vidriera. A él lo observaba no solamente Moisés y el pueblo, sino que también lo observaba Dios. ¡Y Dios mismo lo promovió!

4. Planificar para el éxito: alcanzar un futuro mejor

¹Muy de mañana, Josué y todos los israelitas partieron de Sitín y se dirigieron hacia el río Jordán pero, antes de cruzarlo, acamparon a sus orillas. ²Al cabo de tres días, los jefes del pueblo recorrieron todo el campamento ³con la siguiente orden: "Cuando vean el arca del pacto del Señor su Dios, y a los sacerdotes levitas que la llevan, abandonen sus puestos y pónganse en marcha detrás de ella. ⁴Así sabrán por dónde ir, pues nunca antes han pasado por ese camino. Deberán, sin embargo, mantener como un kilómetro de distancia entre ustedes y el arca; no se acerquen a ella".

JOSUÉ 3:1-4

Dios le dice a Josué: "Ahí está la tierra prometida, ahora la tienen que conquistar, ¿cómo la pueden conquistar? Elabora un plan".

Cuando hablamos de planes, hay muchos cristianos, pastores y líderes que dicen: "Eso es del diablo, hacer planes no es de Dios". Quiero decirte que el futuro pertenece a las personas que hacen planes y se preparan para alcanzarlos. Si tú no puedes planear, estás planeando para fallar.

La planificación es una actividad espiritual, la Biblia dice que es necio no planear, no pensar en el futuro. Proverbios dice: "No vayas a la guerra sin un plan". Jesús dijo: "No inicies una casa si antes no te sientas y haces un plan detallado para contemplar los gastos y todo lo que necesitas, no vaya a ser que te quedes a la mitad". Vez tras vez, la Biblia nos dice que planear es una función espiritual.

He notado que hacemos planes para todo menos para nuestra vida. Si estás casado, creo que la planificación de la boda fue algo en lo que invertiste tiempo, y quizá junto a tu esposa la organizaron. Normalmente, se hacen planes detallados de la boda. ¿Cuántos días dura la boda? Un día. Pero en ocasiones no se hacen planes para el matrimonio. Tardamos mucho tiempo planeado la boda, pero nunca nos sentamos para preparar el matrimonio. Planeamos para un día y los 35 años que vivimos andamos dando tumbos.

Cuando yo me casé tenía 19 años. Los primeros quince días pensé que no había que pagar comida, yo dije: ¿de manera que se paga la comida?, ¿ah, había que pagar la electricidad? Caí en cuenta al casarme, pues toda la vida mi papá había pagado eso. Nadie nos prepara. No planeamos para la vida, planeamos para un evento.

Yo estoy cerca de cumplir 60 años, y ya tengo planes para cuando cumpla esa edad. Yo tenía planes para los 40, yo sabía bien lo que quería a los 40 años y a los 50 también. He planeado toda mi vida, no sé si porque me formaron así, pero he tenido planes. También, he entendido que Dios le dice a Josué: "Haz un plan para pasar a la tierra prometida, prepárate, planifica"; le especificó.

De acuerdo a algunas estadísticas, el 27% de las personas hacen planes financieros. Un 10% de las personas hacen planes, pero los hacen en la mente. Solamente hay 3% de personas que hacen planes y los escriben. Según estas estadísticas, hay mucho más éxito entre las personas que escriben sus planes (incluso al punto de alcanzar todas sus metas) que entre las que los mantienen solo en su mente.

¿A qué viene todo esto? Hay una oración en la Biblia que me llama la atención:

Salmos 20:1-4

Que el Señor te responda cuando estés angustiado; que el nombre del Dios de Jacob te proteja. Que te envíe ayuda desde el santuario; que desde Sión te dé su apoyo. Que se acuerde de todas tus ofrendas; que acepte tus holocaustos. Selah Que te conceda lo que tu corazón desea; que haga que se cumplan todos tus planes.

¿Cómo va a hacer Dios que se cumplan tus planes si no los tienes? ¿Cómo puedes venir a Dios y decirle: Señor, bendíceme? Él podría responderme: te bendigo, pero ¿qué quieres? ¿Qué quieres hacer en los próximos 5 años? ¿Qué planes tienes para los próximos 10 años?

Tal vez eres un profesional, o un funcionario público, un comerciante, estudiante, o un joven con anhelos. No importa quién seas o qué edad tengas, si estás leyendo esto te desafío y animo a que hagas planes para los próximos 10 o 20 años. Porque ¿cómo le voy a decir a Dios: Señor, bendíceme; si no tengo nada planeado? Nosotros llegamos con generalidades a Dios y le decimos: Señor, bendíceme y Él dice: te quiero bendecir, pero no entiendo cómo, ¿qué quieres?

Dios le dice a Salomón: "Pide todo lo que quieras, te lo voy a dar". Dios nos dice en Mateo: "Pide y se te dará", pero el que no pide... no recibe. En el liderazgo que he podido desarrollar, los planes son fundamentales, no avanzamos sin planes, de lo contrario tendríamos un torrente descontrolado de actividades sin ningún sentido, sin objetivos ni metas. De igual manera puede que tengas muchas actividades y cosas por hacer, pero si no tienes un plan, todo eso será en vano.

No puedes seguir avanzando, diciendo que "no sé qué quiero para mi vida". Es impresionante, pero he preguntado a varones de 40 años: ¿qué quieres hacer en la vida? Y la respuesta ha sido: "Es que estoy confundido". ¿Confundido a los 40 años? Tú ya debes saber qué quieres, ya debes encontrar el propósito de Dios. ¿Cómo lo tengo que hacer? Elabora un plan. Mire lo que dice Proverbios 16:3: *Pon en manos del Señor todas tus obras, y tus proyectos se cumplirán* (NVI).

¿Cómo se van a cumplir si no tienes un proyecto de vida? A partir de hoy, escribe.

Dios le dijo a Habacuc: *Escribe en tablas tus sueños.* "Quiero tener una casa construida"; "Quiero terminar una carrera"; Quiero concluir un doc-torado"; "Quiero ser promovido en la empresa"; "Quiero tener un nego-cio propio"; "Quiero...", pero sé específico.

Si tú le traes todos tus planes a Dios y le dices: "Bendice mis planes", entonces Dios toma tus planes para bendecirlos y prosperarlos. Santiago dijo en una ocasión:

Ahora escuchen esto, ustedes que dicen: "Hoy o mañana iremos a tal o cual ciudad, pasaremos allí un año, haremos negocios y ganaremos dinero". ¡Y eso que ni siquiera saben qué sucederá mañana! ¿Qué es su vida? Ustedes son como la niebla, que aparece por un momento y luego se desvanece. Más bien, debieran decir: "Si el Señor quiere, viviremos y haremos esto o aquello" Santiago 4:13-15.

Santiago no está diciendo: "No hagan planes", lo que Santiago está di-ciendo es: trae tus planes a Dios: esto es lo que quiero hacer, pero te doy la oportunidad de que Tú puedas modificar mis planes.

Cuando salí del Seminario yo tenía el sueño de pastorear la Iglesia de Nazareno más grande en México, así que, con eso en mente, investigué cual era la iglesia más numerosa en mi país en ese momento y descubrí que era la iglesia de Arriaga, Chiapas. En ese entonces tenía 500 personas y 8 misiones. Yo en mi mente oré y planeé: "Yo quiero pastorear la Iglesia del Nazareno más grande en México".

Más adelante me hablaron de la Iglesia de Calera y me dicen: Pastor, ¿quiere venir a pastorear con nosotros? entonces, investigué dónde estaba Calera y me dicen que Calera está a 5 minutos de Arriaga. Yo pensé: "Me voy acercando a dónde está mi sueño". Acepté irme a Calera, pensé que me pasaría como a José. A José lo metieron en la cárcel del palacio y de ahí lo llevaron al palacio; entonces yo dije: "Me voy a Calera (esa va a ser mi cárcel) y de ahí me voy a Arriaga". Yo tenía planes. Recuerda que le había dicho a Dios: quiero pastorear la iglesia más grande.

Ocho meses después, vinieron unos hermanos y me invitaron a pastorear la iglesia de Arriaga, Chiapas. Ellos llegaron a mi casa y me dicen: "Queremos que sea nuestro Pastor". Ese era mi sueño hecho realidad, era lo que yo le había pedido a Dios. Entonces, se me ocurrió preguntar: ¿qué pasa con el pastor que ustedes tienen? Ellos me respondieron: "Él no sabe nada, pero si usted acepta, nosotros lo quitamos". Eso va contra mi código de ética, entonces yo les dije: "No, no puedo ser pastor de ustedes si van a correr a un pastor para que yo sea pastor de ustedes, no puedo aceptarlo". ¿Saben que sentí? Que mi sueño se había derrumbado. Los hermanos me habían dicho: "Si usted no acepta ser pastor se le va a ir la oportunidad"; pero yo no podía ser pastor a cambio de que cortaran el piso a otro. Entonces yo decidí no aceptar y dije: Señor, tú sabes que ese era mi sueño, quería ser pastor de esa iglesia, pero entiendo que has modificado mis planes.

Tiempo después me invitaron a venir a Oaxaca, cuando llegué a este lugar, empezamos a trabajar con doce personas. En este momento nuestra iglesia, el CAP, es la Iglesia del Nazareno más grande, no solamente en Oaxaca, sino en todo México y según las estadísticas regionales, en toda América Central y el Caribe.

¿Qué hizo Dios? Modificó mis planes. No lo hizo conforme yo quería. En ese momento me sentí frustrado, no eran mis planes, mi plan era pastorear esa iglesia, se me fue de las manos, pero Dios dice: Yo tengo un plan mejor para tu vida, es un plan de bienestar, es un plan bueno, es un plan precioso. Tráeme tus planes, tráeme tus sueños, pero también dame la oportunidad de que, si Yo quiero, los modifique y cuándo Yo modifique tus planes no te pongas a llorar, ni a gemir, ni a lamentarte, porque yo tengo un plan mejor para ti. Has un plan y entrégaselo a Dios.

5. Escritural: guardaba todas las ordenanzas que Dios le había comunicado a Moisés y demandó lo mismo a la siguiente generación

Solo te pido que tengas mucho valor y firmeza para obedecer toda la ley que mi siervo Moisés te ordenó. No te apartes de ella para nada; solo así tendrás éxito dondequiera que vayas. Recita siempre el libro de la ley y medita en él de día y de noche; cumple con cuidado todo lo que en él está escrito. Así prosperarás y tendrás éxito.

JOSUÉ 1:7-8

Vivimos en una época donde las personas leen poco, casi lo mínimo diría yo. Las nuevas generaciones son mucho más visuales, prefieren ver la televisión y la internet a leer un buen libro. La lectura de la Biblia, específicamente, ha disminuido según varios estudios serios de años recientes en los Estados Unidos. Estos estudios indican que menos de la mitad de los cristianos tienen contacto regular con la Biblia, y una investigación hecha con jóvenes determinó que solo el 18 % de las personas de 18 años leen las Escrituras. La Biblia sigue siendo el más gran *bestseller:* el libro más impreso y vendido. En muchos hogares hay por lo menos tres Biblias pero, sin embargo, ya los pastores y maestros de escuelas bíblicas no pueden asumir, como en el pasado, que los cristianos conocen la historia de la creación, o de Sansón y Dalila o de Daniel en el foso de los leones. Los cristianos no leemos la Biblia. Y el asunto no es solo si leo la Biblia o no, el asunto es cómo la leo. No puedo leer las Escrituras como veo los titulares de los periódicos o lo que destaca en una red social. Leer la Biblia es un asunto espiritual, debo leerla de manera concentrada, no como viendo TV. No debo leerla por obligación, sino estando consciente que el Dios creador del universo está ahí, listo para hablarme, para interactuar conmigo y hacerme conocer su voluntad, y debo estar dispuesto o dispuesta a cumplirla en mi vida.

El Señor le encargó a Josué en 1:7-8 guardar la ley que había recibido de Moisés, la cual venía de Dios mismo:

> [7] *Solo te pido que tengas mucho valor y firmeza para obedecer toda la ley que mi siervo Moisés te ordenó. No te apartes de ella para nada; solo así tendrás éxito dondequiera que vayas.* [8] *Recita siempre el libro de la ley y medita en él de día y de noche; cumple con cuidado todo lo que en él está escrito. Así prosperarás y tendrás éxito.*

Y al final de su vida (Josué 22:5), luego de haber comprobado el valor de haber guardado las Escrituras por tantas décadas y haber sido testigo del amor y la fidelidad de la Palabra de Dios, Josué le pidió al pueblo que haga lo mismo:

> [5] *Y esfuércense por cumplir fielmente el mandamiento y la ley que les ordenó Moisés, siervo del Señor: amen al Señor su Dios, condúzcanse de*

acuerdo con su voluntad, obedezcan sus mandamientos, manténganse unidos firmemente a él y sírvanle de todo corazón y con todo su ser.

Nosotros debemos edificar nuestra vida, en la palabra de Dios, tal como Josué. La tenemos que oír, leer, estudiar, memorizar y practicar. Tengo que oír la Palabra porque la fe viene por el oír, tengo que memorizar la palabra porque cuando tenga momentos de tormenta me va a ayudar.

En una ocasión tuve un percance bastante serio en un avión. Nos dijeron que se había apagado un motor y la aeronave hizo un viraje muy brusco. Pude observar y escuchar que mucha gente empezó a gritar. En ese momento, yo no podía sacar de mi portafolio mi Biblia para repetir un texto. ¿Qué repetí entonces? Aquellas cosas que hemos memorizado: "Jehová es mi Pastor, nada me faltará, aunque ande en valle de sombra de muerte...". Rápido, ¿verdad? Pero cuando no memorizas nada, repites lo primero que se te viene a la mente: camarón que se duerme, se lo lleva la corriente, "Ayúdate que yo te ayudaré", y otras frases que no vienen de la Biblia.

Cuando estamos en momentos difíciles queremos sacar un texto y no podemos porque no tenemos la Palabra. Tenemos que memorizar la Palabra, tenemos que estudiar la Palabra, tenemos que practicar la Palabra. A veces en las reuniones de nuestros grupos pequeños, reflexionamos en que nuestros hijos andan por ahí perdiendo el tiempo porque no quieren escuchar. Sin embargo, la Palabra de Dios es viva y es eficaz.

Permíteme contarte una historia personal. Yo tenía 18 años, tenía una novia que era de Arriaga, Chiapas, yo vivía en Matías Romero, Oaxaca. Un día ella me dijo: ven a visitarme, yo fui, recuerdo que llegué una tarde, anduvimos un buen tiempo conversando pero alrededor de la medianoche, me dijo: ven a mi cuarto, y mañana te llevo a presentar con mis padres. En ese momento, empezó una lucha en mí, fui a su cuarto, pero recuerdo bien que me quedé en la puerta, porque había una palabra que mi papá me había dicho antes. Siempre nos reunía y nos decía: "Cuídense, Dios los ve"; y mi papá me describía tan bien a Dios que a mí me daba miedo, nos decía: "Los ojos de Dios son como llamas ardientes y están sobre ti y 'el infierno' te espera; pues con esa palabra, aunque sea así, me había infundido temor.

Yo estaba parado en la puerta con una lucha entre mi carne y mi espíritu, mi carne decía: Elías, a nadie le amarga un dulce, y mi espíritu decía:

"Los ojos de Dios te están viendo". Yo estaba ahí parado, eran la una de la madrugada, sudaba y no sabía qué hacer, pero de repente dije: "No, no voy a hacerlo".

Me regresé a Matías Romero y quince días más tarde me habló mi hermana, enojada y me dijo: Elías, ¿qué viniste a hacer a Arriaga? fulana de tal está embarazada. Cuando me dijeron eso me asusté, no porque yo hubiera hecho algo, sino pensando en el lío en el que me pude haber metido. Ella estaba embarazada y andaba buscando un papá para su hijo y dijo: "Este está guapo, es para mí". Imagínate lo que hubiera sucedido si la palabra no me hubiera penetrado. Sin duda, las palabras de mi papá, como sea que me las haya dicho, me infundieron temor, temor que ayudó a que yo no cometiera un error que estorbaría el propósito que Dios tenía para mi vida.

Edifica tu vida en la Palabra, porque eso nos ayuda. Josué cometió errores en su liderazgo por no seguir la Palabra, pero también yo he cometido mis errores y en realidad han sido por no mantenerme firme en la Palabra, porque en el liderazgo encontrarás dificultades, pruebas y tentaciones, para poder superarlo tendrás que estar firme en la palabra de Dios. Es lo único que te ayudará y te protegerá de muchos peligros.

Conozcamos y permanezcamos firmes en la Palabra. Nosotros hoy tenemos la bendición de vivir en una época de múltiples oportunidades. ¡Aprovechémoslas! Ahora no solamente hay Biblias impresas, sino también Biblias en e-books, aplicaciones para celulares en múltiples versiones y gratuitas, Biblias en audio, Biblias con realidad aumentada para niños, en fin, de todo y para todos. Ojalá que todos nosotros que estamos leyendo este libro podamos hacer un firme compromiso de volver a la Biblia, comprometernos a leerla con amor y pasión, dejar que ella nos hable, incluso nos emocione hasta las lágrimas en ocasiones y siempre cambie nuestra manera de pensar y nos dé una nueva actitud.

6. Creerle a Dios: optimista a ultranza en medio de la negatividad

Allí estaban también Josué hijo de Nun y Caleb hijo de Jefone, los cuales habían participado en la exploración de la tierra. Ambos se rasgaron las vestiduras en señal de duelo y le dijeron a toda la comunidad israelita: —La tierra que recorrimos y exploramos es increíblemente buena. Si el Señor se agrada de nosotros, nos hará entrar en ella. ¡Nos va a dar una tierra donde abundan la leche y la miel! Así que no se rebelen contra el Señor ni tengan miedo de la gente que habita en esa tierra. ¡Ya son pan comido! No tienen quién los proteja, porque el Señor está de parte nuestra. Así que, ¡no les tengan miedo!

Josué 14:6-9

Celebrando cultos misioneros pasamos por un pequeño y hermoso pueblo en un área rural de los Estados Unidos, donde nos ofrecieron gentilmente una casa a mi familia y a mí para hospedarnos. Al día siguiente teníamos libre y un niño vecino, hijo de unos hermanos creyentes, nos invitó a pescar a un río tranquilo muy cerca de donde vivíamos, adonde él iba siempre. El niño me impresionó, tenía todo un equipo muy profesional, varias cañas, carreteles, anzuelos de diferentes formas y tamaños y, por sobre todas las cosas, distintos tipos de carnada artificial. Mi hijo menor, el niño y yo nos pusimos a pescar y al cabo de unos minutos yo atrapé un pez como de 20 centímetros de largo. Cuál fue mi sorpresa cuando el niño corrió hacia mí como si hubiera visto a algún héroe de televisión, al tiempo que me decía: "¡Es increíble! ¡Nunca he visto a alguien pescar en este río!". Seguramente te puedes imaginar mi sorpresa. ¿Qué piensas que yo hubiera hecho si me hubiera dicho eso antes? ¡Yo creo que no hubiera ido a pescar! Pero yo no sabía que no se podía pescar algo en ese río, ¡y por eso lo logré! Aunque todos digan que no se puede ¡anímate a intentarlo! Pueden estar equivocados. Dios está buscando líderes que no saben que no se puede.

Como representante de la tribu de Efraín en el reconocimiento de la tierra prometida, Josué apoyó entusiastamente la recomendación de Caleb de que debía invadirse la tierra, aunque más del 80% del grupo eran negativos sobre la iniciativa. Claro, sabemos que finalmente tomaron la tierra, pero muchos años después, luego de caminar dando vueltas por el desierto hasta que murió toda esa generación que no le había creído a Dios. Josué mostró siempre una actitud positiva y optimista sobre el futuro.

Como cristianos, nuestras metas deben considerar la historia y el estado actual de las cosas, pero por sobre todo la creación de un futuro mejor. Nunca debemos estar limitados por lo hecho hasta el presente. El Señor nos llama como líderes a intentar lo que parece imposible.

Pensando en un pasaje de la vida de Jesús, narrado en Mateo 14:22-33, vemos que ese había sido un día lleno para el Señor Jesús, en el que había estado con multitudes y hecho milagros. Por la tarde, el maestro manda a sus discípulos al otro lado del lago. Jesús sube al monte a orar, y allí lo sorprende la noche. Los discípulos entretanto soportaban una gran tormenta en medio del lago, unos 6 km. separados de tierra firme.

Igual que ellos, nosotros los discípulos del Señor del siglo 21, estamos viviendo en medio de una gran tormenta, en tiempos difíciles de crisis social, crisis política y económica, pero sobre todo crisis moral y espiritual. Sin embargo, Jesús está para ayudarnos a intentar lo imposible.

En Marcos 6:40 se nos dice que Jesús los vio desde la cumbre de la montaña. Jesús nos está viendo siempre. Jesús conoce la dificultad de los tiempos que vivimos y viene a ayudarnos (Marcos 6:40).

En el v. 25, se nos dice que Jesús decide llegar a ellos caminando sobre las aguas. No era una tarde clara de sol. Eran las 3 de la madrugada de una noche de tormenta. Los discípulos en medio de la oscuridad y las olas creen que ven un fantasma y tienen miedo, pero Jesús se identifica: ¡Cálmense, soy yo, no tengan miedo! (v. 27).

Los pobres discípulos estaban en esa pequeña barca, casi del tamaño de un bote de apenas unos 8 metros de largo por unos 2,5 metros de ancho, en medio de un lago muy profundo, sumidos en una crisis tan grande que ya se creían morir, no sabían qué pensar ante esa aparición. Sin embargo, hay un discípulo que tiene una actitud diferente: Pedro. "Señor, si realmente eres tú, manda que vaya a ti sobre las aguas", gritó. Y el Señor le respondió: ¡de acuerdo amigo, ven! Pedro ejerce su fe y coloca un pie fuera de la borda, y luego el otro, y ve que no se hunde… algo milagroso sucede, abandona la barca y comienza a caminar hacia el maestro. Pedro no convocó a un comité, tomó una decisión valerosa, arriesgada. No les puso atención a las personas que seguramente le decían: no se puede hacer, es una locura. Imagino que quizá Tomás, el incrédulo, lo tomó de la ropa y le dijo, Pedro, ¿qué vas a hacer?, hay 25 metros de profundidad en esta parte del lago, si sales de la barca, en medio de esta tormenta te mueres, no hay forma de que te podamos rescatar. Yo no sé cuál es esa decisión que tú, que estás leyendo este libro, has venido postergando para consagrarte completamente al Señor, sirviéndole con los dones que Él te ha dado. Yo no sé de quienes son las voces que te están diciendo, ¿qué vas a hacer? ¿Lo has pensado bien? ¡Estás arriesgando demasiado! Solo sé que el Señor de lo imposible es el que nos llama, y Él no falla nunca, nunca nos deja solos, nunca nos defrauda. Él honra su Palabra y su llamado.

Las circunstancias no son determinantes

El viento fuertísimo, olas de varios metros de altura inundando la pequeña barquita, y una oscuridad terrible, parecen ser elementos muy disuasivos para intentar lo imposible. Esas maderas eran lo único que ofrecían seguridad a los discípulos. Me imagino que se aferraban con todas sus fuerzas al mástil y pensaban: "¿No sabe acaso el Señor todas las cosas? ¿por qué nos envió cruzar el lago cuando venía semejante tormenta? ¿Qué le pasa al Maestro?".

Los discípulos temían como el pueblo de Israel frente al Mar Rojo, narrado allí en Éxodo 14:10-15 cuando vieron al Faraón acercándose por detrás creyeron que morirían, pero Moisés que también era un líder que le cría a Dios, les dijo: no tengan miedo, quédense quietos, que el Señor presentará batalla por ustedes. Y el Señor le dijo a Moisés: "¿Por qué clamas a mí? ¡Ordena a los israelitas que se pongan en marcha!". Y ya sabemos cómo terminó la historia…

¡No importa que todas las cosas a nuestro alrededor parecieran estar en nuestra contra, si el Señor de lo imposible está con nosotros, las circunstancias son totalmente irrelevantes, pongámonos en marcha como el pueblo de Israel, vamos a tener la victoria! Se puede alcanzar lo que parece imposible: ¡así es! ¡se puede! Pero para lograrlo es necesario que al igual que Pedro, cuando el Señor nos hable, cuando Él nos llame, salgamos del barco.

7. Esfuerzo y valor: cruzó el Jordán con todo el pueblo, y con decisión conquistó Jericó

Por su parte, los sacerdotes que portaban el arca del pacto del Señor permanecieron de pie en terreno seco, en medio del Jordán, mientras todo el pueblo de Israel terminaba de cruzar el río por el cauce totalmente seco.

JOSUÉ 3:17

Cuarenta años antes de la escena narrada en Josué, capítulo 1, el pueblo había abandonado la esclavitud de Egipto por la mano poderosa de Jehová (Dt. 6:21). La nube y la columna de fuego los habían guiado y protegido (Éx. 13:21-22). El maná los había alimentado (Dt. 8:3), y aguas milagrosas habían brotado de las piedras (Éx. 17:6). Sus ropas y su calzado no se desgastaron durante el viaje (Dt. 8:4). Sin embargo, fueron desobedientes a la voz del Señor y, por lo tanto, condenados a no entrar en la tierra de la promesa (Jos. 5:6).

Con el desierto a sus espaldas, los israelitas enfrentan un Jordán desbordado (Jos. 4:15), terribles y famosos enemigos al otro lado (Nm. 13:29) y un camino desconocido (Jos. 3:4). Es entonces que el Señor repite ante este pueblo joven el milagro del Mar Rojo, que les fuera narrado por sus padres (Dt. 6:20-25). Pablo Hoff dice que el Señor abrió el Jordán de manera sobrenatural para engrandecer a Josué ante los ojos de Israel; para desarrollar la fe de ellos y dar un testimonio a todos los pueblos del poder y la fidelidad de Jehová (Hoff. 1993:33). Sin embargo, en esta ocasión, el pueblo debía santificarse (Jos. 3:5) —ritual externo que simbolizaba pureza interna—, el arca del Señor debía ir adelante (Jos. 4:11) y los sacerdotes mantenerla firme en medio del río, mientras todo el pueblo pasaba en seco (Jos. 4:13-17).

En varias ocasiones, Dios le dice a Josué: "Mira que te mando que te esfuerces y seas valiente", pero el verso 9 me llama mucho la atención: *Ya te lo he ordenado: ¡Sé fuerte y valiente! ¡No tengas miedo ni te desanimes! Porque el Señor tu Dios te acompañará dondequiera que vayas.*

Ahora vemos que al valiente Josué Dios le tiene que decir enérgicamente: "Se fuerte y valiente, no tengas miedo ni te desanimes", les voy a decir por qué: el miedo y el desánimo son las dos armas de Satanás, porque el miedo no te permite iniciar y el desánimo no te permite terminar. Satanás, antes de que tú des el paso, te empieza a infundir miedo: no quiero hacerlo, me da miedo, y tú estás a punto de cruzar el Jordán, estás a punto de ir a la tierra prometida, pero de repente viene un temor.

Ese temor ha venido a mi vida cada vez que he comenzado una reunión más de la congregación. Actualmente nos reunimos los domingos a las 8 de la mañana, 10:30h, 13h y 19h. En estos días he estado observando que la reunión de las 10:30h estaba llena y veo que la reunión de las 13h también va llenándose. Entonces me dije: creo que pronto voy a iniciar una reunión de iglesia más, a las 15h. Y ¿sabes qué? Me da miedo otro culto más. Después de las 15h, el único espacio que nos quedaría disponible el domingo sería a las 7 de la mañana, y creo que también voy a necesitar tener otro culto a las 19h y, por supuesto, que también me da miedo. Cuando estoy a punto de comenzar otra reunión más de la iglesia, siempre me da miedo.

¿Sabes cuánto tiempo tenía tratando de escribir un libro pequeñito? Tenía casi dos años deseándolo y no daba el paso, ¿por qué? Por miedo. Durante siete años escribimos un devocional para cada día para repartirlo mensualmente a la Iglesia, pero mi sueño era hacerlo anual y publicarlo como libro. Pero me tardé algunos años para poder hacerlo, y la razón, es que tenía miedo de que no se pudiera lograr. Hace algo menos de un año lo conseguimos, y ese logro nos dio ánimo para publicar este otro material que tienes en tus manos junto a mi amigo el Dr. Rubén Fernández.

A veces, el miedo no nos permite dar el paso de fe, y cuando algunos lo damos, llegamos a la mitad y nos empezamos a desanimar. ¿Sabes? Yo renuncio muchas veces al año, cuando el desánimo viene a mi vida; pero Dios dice: no tengas miedo ni te desanimes, da el paso de fe, cruza el Jordán.

Josué tiene dos problemas, uno ahora es el nuevo presidente de Israel y dos millones de personas están a su cargo. El líder anterior había sido Moisés, un hombre de Dios. No es fácil suplir a Moisés. Pero ahora Dios le dice: "Vas a cruzar el Jordán". Dios no le dice cómo, Dios no le dice que va haber un milagro, Dios no le dice que va a abrir el Jordán; simplemente le dice: "Prepara a todo Israel para cruzar el Jordán".

En el tiempo en que Dios se lo dice están en primavera. El Jordán, en otras estaciones del año, es un río que se puede cruzar fácilmente, pero en primavera el río empieza a crecer, y Josué está viendo ese río y dice: ¿cómo hago para cruzar este río? Dios no le dijo como a Moisés: "Levanta tu vara y divide el mar". No, solamente le dice: "Cruza el Jordán" y Josué tiene que dar el primer paso. ¿Sabes que hizo Josué? Empezó a ver a quienes ponía primero, a quienes mandar de avanzada y puso a los pastores de su tiempo. Entonces, los sacerdotes tomaron el Arca de Dios y dieron el primer paso hacia el río y el río no se divide, no se seca. Continúan avanzando, y el agua les llega a los tobillos, luego les llega el agua a la cintura, siguen adentrándose y les llega el agua al pecho, y hasta pudiéramos pensar que les llegó el agua al cuello.

¿Cuántos han dicho eso alguna vez? ¡Tengo el agua hasta el cuello! Porque Dios permite, a veces, incluso, que el agua te llegue hasta el cuello.

Pero probablemente, con el cuidado del transporte de algo tan sagrado como el arca, los sacerdotes no se habían dado cuenta que 30 kilómetros antes, Dios milagrosamente había hecho que las aguas dejasen de fluir y se empieza a secar el río. Pero ellos tuvieron que avanzar con el río crecido, para que recién entonces el agua empezase a bajar, hasta que el río quedó seco y ellos en medio. Y fue así como cruzaron y llegaron a la tierra prometida. Josué sabía que al cruzar ese río se encontraría con un montón de naciones que se iban a sentir presionadas y les iban a declarar la guerra al pueblo de Israel.

Dios te llama a conquistar tu destino, pero tú tienes que pelear por ello. Dios te dice: hay bendiciones, pero hay una batalla, tú tienes que pelear por tu destino, tienes que pelear en la fuerza de Dios, pero tienes que pelear. No va a llegar el destino a decirte: aquí está todo en una bandeja de plata. No es así, hay que pagar un precio para alcanzar el propósito de Dios para tu vida.

Me pregunto si conoces a alguna de estas personas: Safat, Palti, Gadiel, Amiel, Setur, Najbi, Geuel, Gadi, Samúa, Igal. No te resultan familiares, ¿verdad? A mí tampoco. Ellos son diez de los doce espías. Nadie se acuerda de ellos, ¿por qué? Porque fueron cobardes, tuvieron miedo y nunca entraron a la tierra prometida. Tú escoges ser Josué, Caleb o los demás, tú vas a escoger tu destino, tú puedes decir hoy: voy a hacer algo en la vida, voy a alcanzar el propósito de Dios para mí. Quiero que mi nombre esté escrito en el libro de la vida.

2020 pone término a una década y da paso a una década más. Yo no sé cómo fue esta década para ti, pero cuando nosotros estamos dentro del plan de Dios nos sentimos felices, nos sentimos bendecidos, porque estamos haciendo lo que Dios quiere que hagamos, porque estamos recibiendo lo que Dios quiere que recibamos.

Dios no patrocina fracasos, Dios quiere darnos éxitos, pero Él quiere dártelos solo si tú haces un plan y te preparas para alcanzar ese plan. Todos, sin excepción, tenemos que luchar por nuestro destino. Pasarán diez años y al cabo de los mismos podríamos decir: "Creo que desperdicié mi vida", o podríamos decir: "Creo que he vivido bien mis días, ha valido la pena esta vida, he llegado a los ochenta años y he disfrutado mi vida, he sido feliz, he alcanzado el propósito de Dios, creo que no malgasté mi vida, creo que alcancé a hacer y cumplir el propósito que Dios tenía para mí".

Tú puedes ser de los diez que se murieron y desaparecieron de la historia (de quienes nadie se acuerda y nadie les pone sus nombres a sus hijos) o puedes ser un Josué o un Caleb. Aquellos de los que digan: "No tenemos miedo, vamos a conquistar nuestro destino".

Hay muchas personas leyendo este libro que son grandes empresarios, pero todavía no lo saben, que son hábiles profesionales, pero todavía no han hecho nada para conseguirlo, que son buenos políticos, pero todavía no lo conocen. Tú y solo tú tienes que encontrar tu promesa, encontrar tu tierra prometida y desde ahora, tener un plan. ¡Haz un plan de vida! Pregúntate: "¿Qué voy a hacer en los próximos 10 años? ¿Qué familia quiero? ¿Qué voy a tener? ¿Qué bienes quiero adquirir?". Todo lo que tú quieras, ven y tráelo a los pies de Jesús. Dile: Señor, aquí están mis planes, modifícalos si quieres. Prepárate para ser un gran líder.

La toma de Jericó, historia que conocemos muy bien, y que se narra en el capítulo 6 (y en la que no vamos a profundizar), es una muestra más de lo que puede hacer un pueblo unido, bajo la dirección de un líder sobresaliente, totalmente libre de cualquier vanagloria personal, que siempre se aseguró de tener el apoyo del Señor y siguió al pie de la letra sus instrucciones. Pero antes de la conquista de la ciudad, Josué hizo algo muy importante, que nos lleva al siguiente punto.

8. Memoria: recordó al pueblo todas las bendiciones del Señor

²⁰Entonces Josué erigió allí las piedras que habían tomado del cauce del Jordán, ²¹y se dirigió a los israelitas: En el futuro, cuando sus hijos les pregunten: "¿por qué están estas piedras aquí?", ²²ustedes les responderán: "porque el pueblo de Israel cruzó el río Jordán en seco". ²³El Señor, Dios de ustedes, hizo lo mismo que había hecho con el Mar Rojo cuando lo mantuvo seco hasta que todos nosotros cruzamos. ²⁴Esto sucedió para que todas las naciones de la tierra supieran que el Señor es poderoso, y para que ustedes aprendieran a temerlo para siempre.

JOSUÉ 4:20-24

Josué 4:1-24. Cuando todo el pueblo había cruzado, Josué erigió un montículo de doce piedras en el lugar donde se había afirmado el arca (4:9) y otro con doce piedras tomadas de en medio del río (4:8), en su campamento en Gilgal (4:20). Las piedras se convirtieron en símbolos que permanecerían por décadas (4:9), y para siempre en la Escritura, serían el silencioso testigo de que: la mano poderosa del Señor los había librado de la esclavitud y del desierto. La bondadosa mano del Señor nunca los desamparó. Siempre estuvo con ellos, a pesar de su actitud. Las piedras debían ser tomadas de mitad del río, para memoria de que, aún en medio de las peores crisis y dificultades, Dios permaneció a su lado.

Dios cumplió con su mano lo que prometió con su boca. Dios siempre realiza sus compromisos. Dios fue fiel al pacto con Abraham y sus promesas a Moisés. Dios no falla. Ante la muerte de Moisés, Él se proveyó un nuevo siervo líder (Jos. 1:1-9) que introdujera al pueblo a la tierra de la leche y la miel. En otras palabras, todo esto serviría como memoria y símbolo a las generaciones venideras de que la mano de Dios —que los había sacado y guiado desde Egipto, seguía con ellos hoy (4:21-24); pero el objetivo último —y broche de oro de este párrafo— sería: "**... que todos los pueblos de la tierra conozcan que la mano de Jehová es poderosa; para que temáis a Jehová vuestro Dios todos los días**" (4:24).

¿Quiénes debían ver estos montículos además de los israelitas? ¿La gente que vivía en los pueblos de Canaán? Seguramente que sí. Sin embargo, pienso que también fueron puestos para el resto de las naciones de la tierra, incluyéndonos a nosotros en América Latina. Pueblos que, aunque muy distantes geográficamente, podrían "ver" esos montículos a través de la Palabra del Señor impresa, miles de años después, y creerían en la mano poderosa del Señor.

Los símbolos eran sumamente importantes para Dios y para el pueblo de Dios en el mundo bíblico. Lamentablemente, esos símbolos se fueron mezclando con los paganos hacia el tiempo de la conversión del emperador Constantino, y adoptándose imágenes no cristianas. Con el establecimiento de la Iglesia Romana, y con el correr de los años, algunas imágenes se transformaron en objetos de adoración, y algunos símbolos en objetos de opresión y conquista.

En los años recientes, grupos evangélicos han abusado de la legítima necesidad de tener símbolos ofreciendo madera, aceite, agua y otros elementos procedentes de la tierra santa, presentándolos como si tuviesen algún "poder casi mágico" en sí mismos. También debido a la influencia de la Iglesia Católica-Romana en nuestro continente, algunos evangélicos ni siquiera quieren tener una cruz en el templo. No queremos ser confundidos con ellos. La pregunta es ¿estará Dios de acuerdo con esto?

Los símbolos son importantes. Piensa en el símbolo del sacramento de la Cena del Señor, por ejemplo. Usados correctamente son cruciales para la memoria. Sin embargo, con dolor debemos confesar que vivimos un evangelio sin memoria. Hay un desconocimiento y una apatía alarmante por el pasado. No nos interesa escuchar acerca de lo que sucedió ayer. Se olvidan los grandes avivamientos de la historia de la iglesia como se olvidan las noticias de la semana pasada. Se ignoran las vidas de los héroes de la fe que nos precedieron de la misma manera que se ignoran las canas de nuestros mayores en un autobús lleno de gente.

Había un gran peligro en la pérdida de la memoria para el pueblo de Israel (Dt. 8:11-20), y también un gran peligro en la pérdida de nuestra memoria. Cuando olvidamos de dónde nos sacó el Señor, de lo que éramos antes de conocerle, de la esclavitud en la que vivíamos, del pozo en que nos encontrábamos y también cuando olvidamos de qué manera nos rescató, es decir cuando olvidamos lo que significó la cruz —el más terrible método de tortura y ejecución de la humanidad— para Él. El peligro es que caigamos en la mentira humanista tan popular en estos días que nos dice que somos intrínsecamente buenos, de que merecíamos y merecemos vivir y de que todo lo podemos por nosotros mismos. Memoria… Necesitamos ser líderes con memoria, como lo fue Josué.

9. El líder falible: los errores de Josué

Entonces Josué reunió a los gabaonitas y les dijo: ¿Por qué nos mintieron? ¿Por qué dijeron que vivían en una tierra lejana, si en realidad viven aquí mismo, entre nosotros?

JOSUÉ 9:22

Cuando estudiamos a Josué como líder, encontramos en él muchas cualidades, sin embargo, la Biblia nos lo muestra como una persona que no estuvo exenta de errores. En el liderazgo, siempre habrá equivocaciones, aun siendo el mejor líder, podrás cometer errores, claro que cada vez estos errores deberían ser menores. Lo cierto es que, mientras aprendemos a liderar, los errores son inevitables.

Desde que he estado sirviendo como pastor, he lidiado con personas que quieren sacar provecho de nuestro ministerio, y en varias ocasiones he caído en las trampas del enemigo. Así mismo, al tomar decisiones dentro del ministerio, uno debe ser muy sabio, pues hay cosas que uno desconoce, que uno no imagina. Tenemos que tener presente que las decisiones que tomemos hoy tendrán consecuencias para la posteridad.

Recuerdo que cuando nos cambiamos de auditorio teníamos que tomar muchas decisiones, desde la misma mudanza, compra de equipos, gastos de remodelación y encadenarnos a una renta mensual. Sin embargo, en el auditorio en el que estábamos ya teníamos cinco reuniones sin posibilidad de seguir creciendo. Como ya he comentado, queríamos ir por más, así que tomamos una buena decisión en mudarnos. Sin embargo, en el proceso tomamos otras decisiones no muy buenas, porque pensamos que lo que veíamos era lo mejor, porque gente a la que le pedimos consejos nos dijo que adquiriendo ciertos equipos nos veríamos mejor, que ninguna Iglesia tendría lo que nosotros, seríamos la vanguardia. Nos adularon y nuestros oídos fueron endulzados de tal manera que compramos equipos que rebasaban nuestras necesidades. Sumado a ello, teníamos la presión del tiempo, así que básicamente tiramos la moneda al aire y nos fuimos con muchas cosas aún sin resolver.

Realmente el cambio de auditorio era necesario, pero hubo pequeños errores que cometimos, porque nos dejamos llevar por las apariencias, por los halagos y por la premura, ahora somos sabios porque ponemos a Dios y su presencia en primer lugar.

Actualmente, nuestra congregación celebra en ese auditorio con capacidad para 2500 personas, donde nuestros servicios unidos son hermosos, miles de personas son bendecidas cada fin de semana y podemos seguir creciendo.

A continuación, te compartiré mi experiencia sobre cómo lidiar con los errores que como líderes comúnmente enfrentamos, pero que también se aplican a la vida diaria. A través de la historia de Josué y su pacto con los Gabaonitas podremos adquirir sabiduría para no caer en tres errores a los que todo líder es tentado.

Leamos cómo sucedieron estas situaciones en la vida de Josué, cuando confiaron en las palabras de los gabaonitas y cómo estos pueblos engañaron a Josué y los líderes.

Sin embargo, cuando los habitantes de Gabaón oyeron lo que Josué había hecho a Jericó y a la ciudad de Hai, recurrieron al engaño para salvarse la vida. Enviaron a unos representantes ante Josué y, sobre sus asnos, cargaron alforjas desgastadas y odres viejos y remendados.

JOSUÉ 9:3-4

Primero que nada, debemos comprender que habrá gente que, al ver tu liderazgo, logros y avance, te tendrá miedo. Unos querrán destruirte haciéndote guerra, y aquellas situaciones son fáciles de identificar y, hasta cierto punto, todos tendremos una estrategia para enfrentar al enemigo que nos confronta abiertamente. Sin embargo, la estrategia de los gabaonitas fue más sutil, ellos planearon engañar a Israel de una manera muy sagaz. Créeme que hay personas que han planeado engañarte, que estarán usando estrategias para hacerte creer que son inofensivos, que están a tu disposición y que son siervos tuyos.

Los gabaonitas, se presentaron ante Josué y uno de los errores que comete Josué es confiar de más en las personas, él no pudo enfrentar de manera adecuada las siguientes tres estrategias del engaño que como líder quiero que aprendas:

Se dejó llevar por las apariencias.

Este error es muy común, pues siempre habrá gente que llegue a ti mostrando lo que en realidad no es, intentando impresionar, o mostrando una cara que no es la real. Los Gabaonitas usaron este engaño para acercarse a Josué, ellos habían oído que Dios estaba dándoles victorias sin igual a los Israelitas, por ello idearon un plan maléfico: ellos fingieron. Su apariencia era de personas vistiendo ropas viejas y cargando comida echada a perder, dando señal de que venían de muy lejos. Todas estas apariencias le dieron crédito a su discurso, a tal punto que —lamentablemente— Josué no fue sabio y terminó haciendo un pacto con ellos.

El pacto es algo muy importante para el Antiguo Testamento, porque no hay manera de abolirlo, si haces pacto solo te queda una cosa que hacer, cumplirlo. Eso es precisamente lo que le pasó a Josué. Además, él era una persona de palabra. Porque el liderazgo también tiene que ver con cumplir nuestras promesas, nuestra palabra. Como líder, Josué sabía lo que significa hacer pacto, y el problema no radica en hacer pacto o promesas, sino fundarlos en las apariencias.

Esta manera de usar las apariencias es llamada también astucia. Al igual que en Génesis 3 —en donde se nos dice que la serpiente era el animal más astuto— aquí los Gabaonitas usaron la astucia para sacar provecho de Israel, y poder vivir cómodamente. Con el correr de los años, este pueblo fue un gran problema, pero el pacto ya estaba hecho, por eso Josué no podía retractarse. En el liderazgo, pueden darse problemas al dejarnos llevar por las apariencias, porque habrá situaciones y propuestas que aparentemente son buenas, pero que terminan mal. Con relación a esto, la Biblia nos dice en Proverbios 14:12 que delante de cada persona hay un camino que parece correcto, pero que termina en muerte.

Para evitar caer en este error, recuerda la enseñanza de la Palabra para tu liderazgo, cuando en el primer libro de Samuel, capítulo 16, versos 6 y 7 dice:

"Cuando llegaron, Samuel se fijó en Eliab y pensó: ¡Seguramente este es el ungido del SEÑOR! pero el Señor le dijo a Samuel: —No juzgues por su apariencia o por su estatura, porque yo lo he rechazado. El Señor no ve las cosas de la manera en que tú las ves. La gente juzga por las apariencias, pero el Señor mira el corazón".

Se dejó llevar por los halagos.

La gente de Gabaón no solo usó una falsa apariencia, ellos usaron las palabras adecuadas para hacer que un líder crea en ellos. Ellos dijeron a Josué: nosotros somos tus siervos, estaban mostrándole a Josué que si él deseaba le servirían. La adulación y los halagos son un peligro porque van directo al ego, al orgullo, nos hacen sentir autosuficientes. Como líder debes reconocer que el enemigo usa diversas estrategias. No te ataca solo con armas "forjadas", también sabe escoger las palabras que serán recibidas en tu corazón y mente de la manera incorrecta, siembra una semilla de vanidad, que se trasforma en arrogancia, en orgullo. Y el gran problema con el orgullo es su sutileza, es decir, entra a tu corazón tan suave y paulatinamente que cuando menos lo esperas ya estás envanecido.

Para lidiar con esta trampa es necesario trabajar en tu corazón. Un corazón humilde es el antídoto ante este engaño del liderazgo, pues habrá gente que solo te dirá cosas que tus oídos quieren oír, que tu ego quiere recibir como alimento. Harán a un lado tus errores y exaltarán aun las virtudes que no tienes, te harán creer que en realidad eres más bueno de lo que eres. Por eso el apóstol Pablo nos dice en Romanos 12:3:

Basado en el privilegio y la autoridad que Dios me ha dado, le advierto a cada uno de ustedes lo siguiente: ninguno se crea mejor de lo que realmente es. Sean realistas al evaluarse a ustedes mismos, háganlo según la medida de fe que Dios les haya dado.

Que gran consejo de la Palabra para todo cristiano, pero sobre todo para cada líder.

La Biblia nos advierte contra el peligro de los halagos, del elogio con motivos de desviar nuestro corazón. En Proverbios tenemos una descripción de que una mujer puede encantar a un hombre con sus dichos, con las cosas que le dice. He ahí el gran riesgo de los halagos, porque pueden engañarte tan lentamente que te lleven a hacer cosas que están absolutamente mal, pero has ido poco a poco a la manera de Proverbios 7:21: *Y así lo sedujo con sus dulces palabras y lo engatusó con sus halagos*. No te dejes embaucar, aun cuando haya victorias y reconocimientos merecidos, no te dejes llevar por eso, porque gradualmente y de manera creciente, creerás que se trata de tu capacidad. Cuando comencé a notar que Dios me había dado un don para predicar la Palabra de manera fresca y dinámica, comencé a recibir halagos de personas que me exaltaban. Poco a poco pensé que se trataba de mí, de mi esfuerzo y capacidad, hasta que un día me di cuenta —a través de mi esposa—, que en realidad era la gracia de Dios, porque ella me confrontó con mis deficiencias y faltas, con cosas que decía desde el púlpito, pero que no vivía en la casa. Hoy doy gracias a Dios porque pude comprender que la gloria es para Dios, que solamente se trata de Él.

Precisamente, eso nos dice Pablo en su carta a los Romanos 16:18: *Tales personas no sirven a Cristo nuestro Señor; sirven a sus propios intereses. Con palabras suaves y halagos, engañan a la gente inocente.* Cuando comienzas a ver que tu liderazgo va creciendo, tú puedes caer en la trampa de pensar que se trata de ti y de esta manera hacer que las personas trabajen para ti. Sin embargo, he comprendido que no se trata de mi sueño, sino del sueño de Dios para mi vida.

El problema con los halagos es que no solo puedes caer presa de ellos, sino que también puedes usarlos para cautivar a tus seguidores. Por eso recuerda que no se trata de ti, se trata de seguir a Jesús.

Tomó una decisión apresurada.

En el liderazgo habrá personas que te presionen a tomar decisiones, y el peor error en el que puedes caer es hacerles caso y tomar una decisión apresurada solo para librarte de esa presión. En honor a la verdad, el liderazgo recibe presión por todas partes. Los gabaonitas insistieron en que Josué hiciera alianza con ellos. En realidad, Josué no tenía que responder de inmediato, pudo enviar personas a investigar y después tomar la decisión, pero él simplemente hizo lo siguiente: *Así que Josué hizo un tratado de paz con ellos y les garantizó seguridad, y los líderes de la comunidad ratificaron el acuerdo mediante un juramento que los obligaba a cumplirlo.* ¿Puedes notarlo? No tomó el tiempo para meditar la razón por la cual esas personas habían venido. Ellos ni siquiera respondieron a las preguntas, simplemente vacilaron, evadieron y pidieron un tratado, una alianza.

El problema fue que Josué ni siquiera consultó con Dios, pues la historia nos relata en Josué 9:14 que: *Entonces los israelitas revisaron el alimento de los gabaonitas, pero no consultaron al Señor.* Date cuenta de que Josué ha ido de un error a otro, porque el liderazgo es así de delicado. Ellos sabían que debían consultar, ellos tenían el tiempo para averiguar de dónde venían las personas. Nunca tomes una decisión apresurada. Sé que en ocasiones el tiempo es un recurso con el que casi no contamos. El tiempo apremia, el tiempo seguirá pasando, no se detiene y no perdona, pero las decisiones apresuradas nos perseguirán el resto de nuestra vida. Cuando recibí el llamado al ministerio tenía que tomar un par de decisiones, una era dejar mi trabajo, un buen trabajo. La otra era irme con mi familia a una ciudad que no conocía, sin conocer a nadie y sin trabajo, solo para estudiar. Dura decisión, pero con una gran trascendencia, porque esa decisión marcó el resto de mi vida. Sé que si me hubiera quedado en ese trabajo el tiempo pasaría de una u otra manera. El resultado de aquella posible decisión es desconocido para mí, pero me puedo imaginar que no me iba a ir bien en mi trabajo, ni en mi familia. Por el contrario, la otra decisión, la que finalmente tomé, no solo me ha afectado positivamente a mí, sino también a mi esposa e hijos.

Déjame decirte una cosa más respecto a las decisiones: todos los días tomamos decisiones y aunque parezcan poco trascendente, esas decisiones van construyendo nuestro destino. Hace muchos años, recién llegado a la Ciudad de México a estudiar para ser pastor, busqué un trabajo. Parece absurdo, pero cada día decidí levantarme temprano, decidí sacrificar tiempo para estudiar por las mañanas, decidí trabajar por las tardes sin poder descansar o pasar tiempo con mi esposa, decidí estudiar en la escuela nocturna en lugar de hacer cualquier otra cosa o simplemente no hacer nada. Decidí trabajar y ser pastor, y así he tomado muchas decisiones día a día para alcanzar el sueño de Dios para mi vida.

Hoy podría descansar y tomarme un día lunes libre, pero he decidido no hacerlo para seguir expandiendo el reino de Dios en mi ciudad. Mis decisiones no necesariamente serán las tuyas, pero déjame decirte que las decisiones que tomes tienen trascendencia.

10. Ser consistente: fidelidad y lealtad inquebrantables

Entonces Josué y todo su ejército, incluidos sus mejores guerreros, salieron de Gilgal hacia Gabaón. "No les tengas miedo —le dijo el Señor a Josué—, porque te he dado la victoria. Ni uno de ellos podrá hacerte frente".

JOSUÉ 10:7-8

En el área laboral puedo decirte que tuve un jefe bastante difícil de tratar, todos los empleados le tenían resentimiento, no querían verlo, cumplir con el trabajo era muy difícil porque él era demasiado exigente. Aunque todos cumplíamos con nuestro trabajo, la gran mayoría hablaba mal del líder. Hubo una revisión de nuestro jefe, y todos los que habían sido fieles a su trabajo, fueron desleales, porque hicieron un plan para que fuera despedido. Firmaron una carta, expusieron sus inconformidades y me invitaron a formar parte del plan. Por dentro quise unirme con ellos, pero en realidad valoré lo que nuestro jefe pedía de nosotros: él en realidad, pedía la excelencia para que fuéramos mejores, para que creciéramos. Así que tuve que decirles que no, que no podía ser desleal con nuestro jefe, porque fue quien me dio trabajo y me dio una oportunidad. Así que no firmé nada, ni me uní al grupo disidente.

Cuando presentaron ese plan a los directivos, ellos despidieron a todos por su deslealtad. Así que yo seguí trabajando en ese lugar por mucho tiempo más, de tal manera que cuando estaban en busca de un director nacional, mi jefe me recomendó. Esa muestra de lealtad fue decisiva en mi vida porque gracias a ello tuve las posibilidades de crecer, de tener un buen sustento para mi familia y ministerio. Hasta el día de hoy, gracias a eso, sigo siendo bendecido por ese trabajo.

Sé que en la vida, el ministerio y el liderazgo has tomado decisiones, unas han sido las mejores y otras no han sido nada buenas, pero la fidelidad y la lealtad son claves para el éxito.

También debemos reconocer que existen errores que nos llevan a consecuencias terribles y que, por esas equivocaciones, podemos hacer terribles alianzas y cosas semejantes. Este es el caso de Josué. Él hizo pacto con los gabaonitas a través del engaño, y ahora él y todo Israel estaban obligados a luchar en favor de los gabaonitas. Estas son las batallas que uno no quiere enfrentar, porque son el resultado de un error, de algo injusto, de cosas que técnicamente no provocaste, simplemente abriste la boca antes de tiempo y ahora ya estás ahí peleando batallas que no son tuyas. Esta parte del liderazgo de Josué nos enseña la importancia de la fidelidad y de la lealtad, así como lo diferentes que son.

La fidelidad básicamente es hacer lo que te corresponde, si eres fiel a tu pareja significa que cumples con el requisito, no la engañas, no le haces ningún daño, solo haces lo que el contrato dice. Aunque la fidelidad es esencial porque si faltas a la fidelidad las cosas se ponen mal, si eres infiel destruyes tu matrimonio, si eres infiel a tu trabajo te despedirán, serás alguien en quien no se puede confiar. Como líder ser fiel significa cumplir con tu palabra, tus promesas, metas y sueños, avanzar con los principios que has establecido y has dado a conocer. Pero la fidelidad es apenas la base para lo que sigue.

La lealtad por su parte, tiene que ver con la actitud, con el carácter, con la decisión de hacer las cosas de buena gana, es hablar bien, estar contento con lo que tienes. La lealtad tiene que ver con tu entrega, tu servicio, tu generosidad, pero sobre todo esto, con la alegría y el contentamiento.

La historia que se nos narra en Josué, capítulo 10, es una historia de fidelidad, pero sobre todo de lealtad. Imagina esta historia, Josué y todo el pueblo de Israel fueron engañados, pero juraron ayudar a los gabaonitas. No sé si puedas notar esto, Josué y todo el pueblo de Israel tenían que pelear una batalla que no les correspondía. El detalle es que, hubiera sido más fácil para Josué negarse a ir a la batalla, faltar a su pacto y así los gabaonitas dejarían de ser un problema para él.

Los gabaonitas servían llevándole agua al templo, pero lo hacían murmurando, de mala gana, no respetaban ni a los israelitas ni a Josué, así que encontrártelos en el camino era algo muy desagradable. Porque servían de mala gana. Ellos eran fieles, pero no eran leales.

Por su parte, los Israelitas solo cuando supieron que habían sido engañados se enojaron mucho, y les impusieron la carga de servir trasportando agua a los gabaonitas. Pero su lealtad sería probada. ¿Pelearías una batalla por una mala decisión? Esto es muy interesante, porque es ahí donde la lealtad se demuestra. A nivel de liderazgo reconocemos que en ocasiones quisiéramos deshacernos de esas malas decisiones y sus consecuencias. Pero lo que Dios espera de nosotros es fidelidad y lealtad a pesar de lo difícil que sea.

Tal vez la pregunta es ¿por qué debo ser fiel y leal? La respuesta es muy simple, pero poderosa. Porque ser fiel y leal nos permite llegar más lejos. Porque Dios recompensa la fidelidad y la lealtad, si me dejas decirlo en otras palabras, la fidelidad paga bien y la lealtad es la llave de oro.

En la historia de Josué, encontramos que cumplen su palabra, que están dispuestos a dar lo mejor de sí mismos, que viajaron toda la noche, cuesta arriba, incluso dispuestos a enfrentar cinco soldados por cada soldado israelita. En medio de todo esto, ellos comenzaron a ver la fidelidad de Dios y su lealtad, porque el Señor les prometió la victoria. El mismo Dios les infundió aliento. Ellos pudieron marchar sin temor, porque el Todopoderoso prometió darles la victoria.

Los israelitas vieron otro milagro: comenzaron a caer del cielo piedras, las cuales aplastaron a sus enemigos. Es increíble notar como un ejército como el de Israel arrasó en batalla. No obstante, el día estaba acabando, así que Josué pidió un milagro más, que el sol se detuviera. Sé que esto es algo inexplicable para nosotros, los científicos no lo pueden explicar, los astrónomos no pueden comprenderlo, pero la Biblia nos dice que algo pasó, y fue que aquel día fue tan largo como si fuera uno de 48 horas. Lo más impresionante es que el resultado de esta batalla fue que derrotaron a los cinco reyes. Josué tenía que enfrentar a esos reyes uno a uno, pero por su fidelidad y lealtad, el Señor lo llevó a tener en una sola batalla la victoria sobre estos reinos. Esa campaña de guerra fue tan imponente que Josué siguió conquistando la tierra prometida con una victoria implacable sobre otros cinco reyes del sur, y siguió con su cometido de tal manera que leemos en Josué 10:42 que *Josué venció a todos esos reyes y conquistó sus territorios en una sola campaña, porque el Señor, Dios de Israel, peleaba por su pueblo*. La lealtad provocó en la campaña de Josué una victoria tras otra.

En el liderazgo eso se traduce en que Dios te dará la victoria arrasadora, podrás lograr cosas que en lo natural te hubiera llevado años, pero Dios te lo da en un solo día, ¡aunque sea un día de 48 horas!

Así que podemos resumir que la lealtad de Josué al defender a los gabaonitas le dio como resultado que: 1. Dios le prometió la victoria sobre el enemigo. En el liderazgo enfrentarás enemigos y situaciones muy complicadas, pero mantente fiel y verás cómo Dios se encarga de darte la victoria. 2. Josué fue a pelear con todo su ejército, pero también Dios peleo por él. En otras palabras, tú no tendrás que enfrentar solo situaciones complicadas en el liderazgo que se levanten en tu contra, como difamaciones y cosas semejantes. Mantente fiel y Dios peleará por ti. 3. Sucederán milagros extraordinarios. Verás rocas cayendo del cielo, esto es, ayuda divina provocando terror en tus enemigos. Dios te dará gracia y hará cosas sobrenaturales como días de 48 horas. O sea que podrás hacer cosas que en lo natural te tomarían mucho tiempo, pero Dios es capaz de detener el día hasta que termines. 4. Te dará un camino de victoria en victoria. Comenzarás a conseguir un éxito tras otro, porque no son tus fuerzas, sino la gracia de Dios, su poder y sus milagros.

Todo esto se traduce en el respeto de los demás. Cuando esa campaña terminó, los gabaonitas ya no murmuraron contra el pueblo de Israel, ahora le servían con alegría, a causa de la lealtad.

Quiero que puedas comprender esto, la fidelidad es la base para tu vida. Pero podemos decir que la fidelidad solo es el comienzo, si solo cumples, sigues instrucciones y eres fiel, tal vez te estés perdiendo de experimentar lo que significa ser leal. La lealtad es la actitud con la que haces todo. Cómo tratas a tu pareja, cómo tratas a tus hijos, cómo tratas a tus empleados, cómo cumples con tu trabajo, qué actitud muestras ante tus compañeros. Te invito a que en tu liderazgo seas fiel a tus palabras y promesas, pero sobre todo que seas leal a tu equipo, a tu iglesia. En mi ministerio yo procuro ser leal a cada uno de mis líderes, a mis pastores y todos los integrantes de mi equipo. Cada año, en diciembre, hacemos una cena donde agradecemos a cada servidor, líder y pastor su colaboración, su fidelidad semana a semana, su lealtad al hablar bien de la Iglesia y juntos celebramos. Es un tiempo de fiesta, de alegría, y damos regalos y reconocimientos. Quisiera regalarles a todos pero, aunque no tenemos esos recursos, Dios nos ha mostrado que Él bendice a cada servidor, con un mejor empleo, incrementando sus ventas, abriendo puertas para nuevos proyectos y contratos.

También quiero que sepas que la lealtad tiene un costo. En el caso de Josué, fue pelear una pelea que no le correspondía. En tu matrimonio, tal vez signifique hablar bien de tu pareja y cubrir sus faltas, en tus hijos quizá sea darles todo lo que necesiten, aunque no lo merezcan, porque Dios nos da lo que necesitamos, aunque no lo merecemos. En tu liderazgo tal vez el precio sea humillarte, reconocer tus faltas, pedir consejo. Perdonar a alguien que te traicionó y te dio la espalda.

En mi ministerio he pasado de todo, personas que me han menospreciado, pastores que se rieron de mí, compañeros que me abandonaron, personas que hablaron mal de mí, pero he aprendido a ser leal, a ser fiel y Dios nos ha recompensado, porque hemos avanzado no por lo buenos que seamos, sino que Él nos ha dado de su abundante gracia.

Lo que quiero que hagas es que te des cuenta de que la fidelidad y la lealtad son costosas, pero valen la pena. ¿Estás dispuesto a pagar el precio de la fidelidad? ¡Josué cumplió su pacto! ¿Estás dispuesto a pagar el precio de la lealtad? ¡Josué estuvo dispuesto a pelear con sus mejores hombres y dar lo máximo!

Para terminar, te diré que muchos logros, no los obtuve por mis habilidades o capacidades. En realidad, han sido gracias a la fidelidad y a la lealtad. He sido fiel y leal a mi esposa y eso le ha dado estabilidad e integridad a mi vida, como pastor puedo decir que "yo y mi casa servimos al Señor". He sido fiel y leal a la Iglesia, estando sujeto a mis superiores, por lo que las puertas se han abierto en todas las congregaciones de nuestra denominación, la Iglesia del Nazareno.

He sido fiel y leal a mi gente y Dios nos ha dado un ministerio hermoso, creciente y personas que están dispuestas a dar mucho más de lo que yo he dado. Dios ama a las personas fieles y leales. Ser leal a mi jefe, me permitió conservar mi trabajo, pero como había vacantes por todos aquellos que fueron despedidos, muchos de mis conocidos que tenían las cualidades necesarias pudieron tener un trabajo. La lealtad paga de maneras que no imaginas.

También quiero mencionar otra enseñanza de liderazgo en este pasaje que tiene que ver con ser esforzado, porque el liderazgo tiene la característica de ir de menos a más, y es que cuando uno acepta el llamado de Dios, uno se da cuenta que Dios tiene grandes sueños. A Él le fascina hacer las cosas a lo grande… solo mira alrededor y date cuenta de la grandeza del universo. Mira lo maravilloso que es el mundo y todo lo que se ha podido desarrollar. Por eso Dios nos muestra que como líderes hemos sido puestos en un lugar y momento para hacer proezas en el nombre de Dios. En realidad, yo de pequeño nunca hubiera imaginado las cosas que he podido realizar, la congregación que estoy pastoreando ni los logros que he alcanzado. Pero cuando Dios me tocó y me mostró sus sueños, me di cuenta de que Él nos puede llevar a más, solo que para lograrlo es necesario hacer un mayor esfuerzo.

La vida del líder pasa de ser monótona a ser ajetreada, es entonces que entramos a la dinámica de aprender tres estados de la vida: 1. Estar quietos, contemplativos, reflexivos; 2. Mantener la situación, no vemos que puede mejorar, ni que puede cambiar, simplemente nos dejamos llevar por la bola de nieve que ya ha comenzado a girar y; 3. Finalmente, hay etapas donde es necesario dar un poco más, un esfuerzo extra.

Permanece en quietud

La Biblia nos habla de mantenernos quietos en diversas ocasiones, Josué estuvo en una de esas ocasiones, cuando estaban frente al mar Rojo y el ejército egipcio venía con todo su poder dispuesto a despedazarlos. Ante esa situación uno hubiera esperado recibir la orden de pelear, de correr, de hacer algo, pero la orden que encontramos en Éxodo 14:13 nos dice que: *Pero Moisés les dijo: —No tengan miedo. Solo quédense quietos y observen cómo el Señor los rescatará hoy. Esos egipcios que ahora ven, jamás volverán a verlos.*

En ciertos problemas y retos la quietud es la mejor respuesta, Dios se encargará del resto, pero sabemos que no podemos vivir en la quietud siempre, habrá momentos en los que debemos avanzar, movernos, continuar. Más adelante, en Éxodo 14:15, Dios les dice a los Israelitas que avancen: *Luego el Señor le dijo a Moisés: ¿Por qué clamas a mí? ¡Dile al pueblo que se ponga en marcha!.*

El liderazgo es así, por momentos habrá quietud donde veremos la mano poderosa de Dios, experimentaremos una calma apacible para contemplar la majestuosidad de Dios y su poder. Pero no puedes quedarte así todo el tiempo, esperando que Dios haga el milagro a cada paso. Cuando leemos la vida de Josué, él vivió ambas experiencias, la de saber que Dios puede tomar el control mientras solo veía cómo desplegaba su poder, pero Dios más adelante le pidió que liderara al pueblo, que los motivara a entrar a la tierra prometida, y ¡así lo hizo!

Mantente en tu lugar

La experiencia de los cuarenta años en el desierto llevó a Josué a experimentar el tiempo de mantenerse, de no avanzar, solo marcar círculos, que nunca terminaban, nunca iban por más, no estaban quietos, pero tampoco estaban más cerca de su objetivo, este tiempo es un tiempo que más que necesario es casi inevitable. En este tiempo puedes ver que Dios obra, pero esos milagros caen en la rutina y comienzas a desvalorizarlos, imagínate comer maná por cuarenta años, el primer día fue emocionante, pero con el transcurso de los días, ellos se acostumbraron al maná, a la columna de nube que les deba sombra, a la columna de fuego que los alumbraba por la noche, los manantiales que les proveían agua en medio del desierto.

Tal vez como líder las cosas a tu alrededor se han vuelto para ti cotidianas. No significa que esté mal, significa que estas manteniendo tu lugar, no hay decrecimiento, pero el estándar de excelencia demanda más. Quizá la gente que está a tu alrededor participa de esos milagros y cosas que son extraordinarias para otros, pero para ustedes ya es monotonía.

Esos momentos de mantener el lugar fueron los que purificaron a Israel, fueron lo que prepararon a Josué y a Caleb para el siguiente paso. Ellos lo vieron, notaron que el desierto no era su destino final, tampoco se pasaron lamentando el haber dejado la comodidad de Egipto, ellos tenían la tercera cualidad que estudiaremos a continuación.

11. Esfuerzo adicional: el valor agregado de los líderes de alta influencia

Después de marchar toda la noche desde Guilgal, Josué los atacó por sorpresa. A su vez, el Señor llenó de pánico a los amorreos ante la presencia del ejército israelita, y este les infligió una tremenda derrota en Gabaón. A los que huyeron los persiguieron por el camino de Bet Jorón, y acabaron con ellos por toda la vía que va a Azeca y Maquedá. Mientras los amorreos huían de Israel, entre Bet Jorón y Azeca, el Señor mandó del cielo una tremenda granizada que mató a más gente de la que el ejército israelita había matado a filo de espada.

Ese día en que el Señor entregó a los amorreos en manos de los israelitas, Josué le dijo al Señor en presencia de todo el pueblo:

"Sol, detente en Gabaón, luna, párate sobre Ayalón".

El sol se detuvo y la luna se paró, hasta que Israel se vengó de sus adversarios.

Esto está escrito en el libro de Jaser. Y, en efecto, el sol se detuvo en el cenit y no se movió de allí por casi un día entero. Nunca antes ni después ha habido un día como aquel; fue el día en que el Señor obedeció la orden de un ser humano. ¡No cabe duda de que el Señor estaba peleando por Israel!

JOSUÉ 10:9-14

Para ser líder promedio no se requiere mucho, pero para ser un líder de alto rendimiento, de alto impacto, de gran influencia, es necesario reconocer que hay momentos en tu liderazgo que exigen mucho más de lo que ya has dado. Esto es lo que vemos en Josué 10. Dios tiene una gran victoria, un gran logro para Josué, pero ahora él debe pelear, debe dar lo mejor, más allá de lo que pudiera considerarse natural y normal. Su estándar se elevará, tendrá que haber un esfuerzo extra. Recuerda que Josué es vigoroso, es valiente, ya tiene cosas sobresalientes, pero Dios quiere pedirle que haga todavía un esfuerzo más. Dios quiere que descubras que, si pensaste que has llegado al límite, aún no conoces los límites de Dios, porque Él dice en Efesios 3:20 a cerca de lograr: *Y ahora, que toda la gloria sea para Dios, quien puede lograr mucho más de lo que pudiéramos pedir o incluso imaginar mediante su gran poder, que actúa en nosotros.* ¿Puedes notarlo? No se trata de tus límites o fuerzas, literalmente se trata de los límites de Dios y de su fuerza. En estas ocasiones, para obtener el logro, se necesitará más que ninguna otra cosa.

Descubrirás que hay cosas que no sabías que podías hacer. Porque habrá obstáculos físicos. En otras palabras, ellos eran superados 5 a 1, esto es terrible porque con solo mirar era fácil deducir la derrota. Pero si eres como Josué y conoces el poder de Dios, sabes que te tocará trabajar cinco veces más de lo normal, pero sabes que Dios te dará lo que te ha prometido. No solo pelearían cinco a uno, también tuvieron que caminar toda la noche, iban desvelados. Cuando Dios pide un mayor esfuerzo tendrás que acostumbrarte a que la noche será como el día, porque no podrás dormir, recuerdas cuando Jesús iba a sacrificar su vida, Él no durmió, el pidió a sus discípulos que lo acompañaran, habían tenido un día largo, y la noche no fue fácil, pero los discípulos se durmieron. No sé si has oído el dicho: mientras unos duermen otros producen, si eres de los que se ha despertado, te motivo a que hagas ese esfuerzo. En lo personal, tengo mucho que hacer, pendientes, sermones, actividades, atender a la iglesia local, la superintendencia (o supervisión) del distrito de Oaxaca Norponiente, equipos, líderes, etc. Todo ello acaba con mi día de tal modo que la única oportunidad que tengo para leer, el tiempo para estudiar es en la noche y la madrugada… así que mientras los demás duermen, yo me preparo. De esa manera terminé mis estudios como seminarista, llevando clases por la mañana, trabajando por la tarde y estudiando una maestría por las noches. Por las madrugadas era mi tiempo para sacar los pendientes.

Este esfuerzo físico a veces parecía que era en una pendiente, cuesta arriba. Así te enfrentarás a esos tiempos, como cinco contra uno, en desventaja, agotado, pero a la vez dando lo máximo de ti y con toda la concentración necesaria. Recuerda, Dios ya te dio la victoria, solo debes dar lo mejor de ti para alcanzarla. Él multiplicará tus fuerzas y recursos y, finalmente, te dará la victoria.

Cuando Dios quiere que seas un líder extraordinario, Él ya puso el potencial en ti, solo recuerda que, si afrontas el reto de dar todo y aún más por esa victoria, Dios te dará un triunfo grande. Las grandes historias se escriben cuando las personas están dispuestas a afrontar enormes retos. Tal vez Dios te lleve a ser como nadie más, no habrá otro igual porque decidiste tomar el reto donde otros ven el fin, tomaste el camino difícil que todos evitan, y por más grande que sea el desafío, lo que el Señor te trazó, recuerda que Dios sigue siendo más grande, alto y poderoso de lo que hayas alcanzado, así que en realidad ¡siempre habrá algo más adelante para ti!

En Lucas 2:1-12, se nos narra un pasaje más que interesante en la vida de Jesús que ilustra muy bien lo que estamos hablando en este capítulo. El maestro acababa de realizar un recorrido por distintos poblados de Galilea, predicando en sus sinagogas y decide regresar a Capernaúm. Esta ciudad era el centro de operaciones de Jesús durante su ministerio en Galilea que fue muy largo. Allí vivía cuando no estaba de gira. Capernaúm estaba al oeste del lago de Galilea y era un centro de comercio muy activo. A Capernaúm llegaban barcos desde otras zonas que rodeaban el lago y allí obviamente estaba situado el peaje de los romanos a cargo de Leví, más conocido como Mateo, quien llegó a ser discípulo de Jesús, y cuya historia se narra en el siguiente capítulo. Dado que Capernaúm era más multicultural y menos conservadora, el mensaje de Jesús era mejor recibido entre su gente. Muy probablemente, la casa en donde se quedaba Jesús en Capernaúm era la de Pedro. Allí había sanado a su suegra (Marcos 1:29) antes de salir de gira.

Este episodio en la vida de Jesús se narra también en Mateo y Lucas, pero el evangelio que más detalles nos da es el de Marcos, que fue el primero que se escribió y que se conoce como el evangelio de Pedro, pues el joven Marcos se basó en los relatos de Pedro para escribirlo. Seguramente, Pedro estaba en la casa el día que esto sucedió y ¡por eso tenemos tantos detalles!

Cuando la gente se enteró que Jesús estaba en la casa comenzó a llegar de tal manera que llenaron el lugar y la calle de afuera. No solo estaban los que lo admiraban, los que querían recibir algún milagro, sino también varios espías de la religión oficial —todavía no muy agresiva contra Jesús—, pero que querían saber más de este galileo de quien tanto se hablaba y que estaba aún iniciando su ministerio. Es en estas circunstancias que llegan cuatro personas cargando a su amigo paralítico.

Realmente me gustaría que te pongas dentro de la historia conmigo por un momento. La gran multitud abarrotaba las estrechas calles del poblado. Las personas estaban pegadas y tratando de tan siquiera acercarse a una distancia suficiente a la puerta como para intentar ver hacia el interior, lo cual de todas formas parecía una tarea imposible. Si no era factible para una sola persona acercarse (mucho menos pretender entrar) ¿cuánto más para cuatro personas cargando un hombre enfermo? A todas luces, una misión imposible para las personas y aún para un líder promedio.

Me pregunto: ¿sabría Jesús que estos amigos estaban con el paralítico afuera, tratando de verlo? Por supuesto que lo sabía. Jesús conocía lo que pensaban las personas, ¡cómo no iba a saberlo! Él sabía.

Me pregunto también, ¿podría Jesús al ver la dificultad que tenían, salir afuera a atenderlos? Definitivamente sí podría haberlo hecho. Sabía que estaban afuera, pudo salir, pero no lo hizo, ¿por qué? Porque de hacerlo, la fe de ellos no hubiera podido manifestarse. Él sabía que los cuatro harían algo extraordinario, lo que fuese necesario hacer por traer a su amigo a encontrarse con Él.

Ahora, es cierto que ellos pudieran haber desistido de su intento, y haberle dicho a su amigo: amigo, hicimos lo posible, pero dada tu condición es imposible acercarte a Jesús. No hay acceso para discapacitados. Está muy complicado. Lo sentimos mucho. Lo intentamos, pero no funcionó, que Dios te ayude, seguiremos orando por ti. Vamos a llevarte de regreso a tu casa.

A la vista de todos hubiera estado justificado, ¿verdad? Hicieron el esfuerzo de traerlo, pero se les presentó un obstáculo con el que no contaban. ¡Qué buena gente! lástima que no lo lograron. Sin embargo, no fue así. Amaban demasiado a su amigo como para detenerse. Hicieron más de lo esperado, hicieron un esfuerzo adicional.

Los techos en Palestina eran planos, tenían vigas colocadas a un metro de distancia una de otra, cruzadas por listones de madera sobre los que se colocaban piedras o tejas y encima una especie de argamasa de brea, arena y ceniza. Los amigos subieron al techo por la escalera exterior y comenzaron a escarbar y "destechar" literalmente la casa para poder bajar la camilla del hombre enfermo con cuerdas. El resto es historia conocida. El enfermo recibió salvación y sanidad, por el poder del Señor, es cierto, pero también porque tenía amigos con profundo amor y con cualidades de liderazgo sobresaliente que no se conformaron, sino que hicieron mucho más allá de lo obvio.

Permítanme terminar este capítulo con una ilustración. Era el 9 de febrero de 1709. Nunca se supo bien que lo causó, pero en mitad de la noche la casa de dos pisos comenzó a arder. En medio del humo y las llamas, el padre de familia logra sacar a su mujer embarazada y algunos de sus hijos, que eran 8; mientras que otros logran saltar por las ventanas de la planta baja. Cuando el padre intentó ingresar para asegurarse que todos hubiesen salido, la escalera de madera se desplomó y ya no pudo volver a subir. La realidad es que faltaba salir un hijo, Jacky, de solo 5 años. Él cuenta que no lloró en ese momento y al ver las llamas se subió a un baúl que estaba a la par de la ventana de su cuarto, en el primer piso. De entre todos los vecinos que estaban afuera mirando la escena, alguien corrió a buscar una escalera, pero otro dijo: "No hay tiempo; pero tengo otra idea. Me apoyaré en la pared y levantaré a un hombre liviano sobre mis hombros". Lo hicieron y sacaron al niño por la ventana. Justo en ese momento todo el techo de la habitación se desplomó, pero hacia adentro, de manera que todos se salvaron (Hampson, 1791. Citado en Crutcher, 2015, p. 29).

La casa, era una casa pastoral, el lugar, Epworth, Inglaterra, Jacky en realidad se llamaba Juan y su apellido era Wesley.

Gracias a Dios, alguien dejó de ser espectador, alguien dejó de esperar por la escalera, alguien tuvo una idea, y la llevó a cabo trabajando en equipo con otra persona. ¿Qué hubiera pasado si no lo hubieran hecho? El pequeño Jacky habría muerto y no se pudiese haber convertido en el gran Juan Wesley. Sin la iniciativa de alguien, ¿qué hubiera sido de la Inglaterra del siglo 18? Quizá hubiese sufrido una revolución sangrienta como la francesa. Sin la proactividad y el esfuerzo adicional de ese vecino, ¿qué hubiera sido de la abolición de la esclavitud promovida desde el parlamento por un hijo espiritual de Wesley, William Wilberforce? Sin una idea y un esfuerzo extra para lograrla, ¿hubiera existido la Iglesia Metodista con decenas de millones de miembros en la actualidad y su gran trabajo de servicio social alrededor del mundo? ¿Qué del redescubrimiento de la doctrina de la Santidad? ¿Qué de tanta producción literaria? ¿Qué de la Iglesia del Nazareno?

Alguien hizo más que mirar como todo se perdía, alguien no se resignó a esperar por una escalera… "No hay tiempo", dijo. "Tengo una idea" agregó, pero necesito que alguien me ayude. Dios está buscando pastores y líderes de este tipo. Ministros que se den cuenta que no hay más tiempo que perder porque la sociedad está a punto de colapsar delante de nuestros ojos.

Dios quiera que todos los que estamos leyendo este material tengamos esa manera de pensar y ese deseo profundo en el corazón de hacer un esfuerzo adicional como líderes para que este mundo sea un mejor lugar, y que nuestras iglesias locales sean esos centros de vida plena y abundante en medio del dolor y la desesperación que nos rodean.

Si vamos a ser líderes sobresalientes que consigan logros que magnifiquen a Jesús de una manera extraordinaria, necesitamos salir de nuestra zona de comodidad, pagar el precio, invertir tiempo y hacer esfuerzos más allá de lo esperado ¡aunque sea necesario romper un techo o cargar a alguien sobre nuestros hombros!

12. Renovación del pacto: el legado de Josué para su generación

[14]Luego Josué añadió: —Respeten a Dios, obedézcanlo, y sean fieles y sinceros con él. Desháganse de los dioses que sus antepasados adoraban en Mesopotamia y en Egipto, y obedezcan solo a Dios. [15]Si no quieren serle obedientes, decidan hoy a quién van a dedicar su vida. Tendrán que elegir entre los dioses a quienes sus antepasados adoraron en Mesopotamia, y los dioses de los amorreos en cuyo territorio ustedes viven ahora. Pero mi familia y yo hemos decidido dedicar nuestra vida a nuestro Dios.

JOSUÉ 24:14-15

Al acercarse el fin de su vida, Josué reúne a todas las familias del pueblo en Siquem y les hace un recuento de todos los cuidados que el Señor les había dado en el pasado y las bendiciones que el Señor les estaba dando en el presente; terminando con una súplica apasionada para que el pueblo permaneciera fiel a Dios y observara sus leyes, como se ve en el pasaje que se cita arriba de este párrafo.

El resumen de este discurso y exhortación de despedida de Josué podría resumirse en la frase: decidan hoy a quien van a dedicar su vida.

Josué les relata la grandeza y bondad de Dios a través de las generaciones, y les insta a obedecerle. La nueva generación debía decidir si iban a continuar siendo fieles al pacto que Dios había hecho con Abraham. Ese pacto tenía una promesa de bendición para todas las familias de la tierra. La indecisión sería un error fatal para el pueblo. Ellos tenían que elegir a quién iban a ser leales, en quien iban a poner sus esperanzas.

De la misma manera para nosotros, la indecisión solo empeorará las cosas. Postergar, solo complicará nuestra situación. Debemos escoger en quien vamos a confiar como líderes, a quien vamos a dedicar completamente nuestras vidas; y debemos hacerlo hoy.

¿Cuáles eran las alternativas que tenían los israelitas?

1. Escoger a los dioses de sus antepasados

Los padres de Abraham pertenecían a las religiones de la Mesopotamia, que eran paganas. Los israelitas habían vivido por muchos años junto a los dioses egipcios y caldeos. Esos dioses se habían mostrado impotentes para ayudar. Eran dioses extraños, insensibles, que no podían ver ni oír al pueblo y sus necesidades. Estos son los dioses de la tradición. Los dioses de quienes nos precedieron. Nuestros padres, abuelos y sus padres y abuelos.

Mi abuela fue una joven inmigrante española que llegó a la Argentina a principios del siglo pasado. En los años 20, alguien la invitó a una campaña al aire libre donde un misionero nazareno predicó y ella recibió a Jesús en su corazón. A partir de allí la vida de toda mi familia cambió. Ya hay cuatro generaciones de cristianos por esa decisión. Decenas de personas sirviendo a Jesús y tocando las vidas de cientos de personas más. Todo comenzó con una decisión, en un parque en la ciudad de Buenos Aires, Argentina.

No sé cuáles fueron los dioses de tus antepasados, lo que sí sé es que tú no estás obligado a tenerlos. Tú puedes cambiar el patrón. No sé de qué manera te lideraron quienes lo han hecho hasta aquí. Solo sé que tú puedes hacer las cosas diferente. Solo tienes que tomar una decisión.

2. Escoger a los dioses de la tierra donde viven

Estos representan a los dioses de "moda". La religión del país donde vivían los judíos era decadente. Las tribus cananeas tenían diferentes dioses, cada uno de los cuales supuestamente controlaba su propio territorio. El nombre genérico de estos dioses era *baal*, que se traduce como señor, amo o marido. A veces el baal se representaba con una imagen de toro o de serpiente. La tierra era la esposa del baal; y la gente de la tierra, sus esclavos.

Cada aldea tenía su santuario, en la cima de un cerro o debajo de un gran árbol, marcado por una piedra vertical o poste de madera. Los festivales se vinculaban con la siembra y la cosecha, y la luna nueva. Se ofrecían frutos a los dioses y se sacrificaban animales. Los baales eran dioses de la fertilidad y, en consecuencia, el culto incluía ritos sexuales. La embriaguez era común, especialmente durante las fiestas de la cosecha. A veces se practicaban sacrificios de niños.

A medida que el pueblo de Israel se fue estableciendo en el país, comenzaron a sentir —consciente o inconscientemente— que sería más sabio y más seguro incorporar el culto a baal en el ejercicio de su religión. Después de todo, estos dioses sabían todo respecto a hacer crecer las cosechas, algo que Dios no había hecho durante su travesía por el desierto. Con el tiempo, aunque seguían adorando en el nombre de Dios, utilizaron los santuarios de baal y adoptaron los ritos de su culto, y se entregaron a la misma clase de ceremonias inmorales y crueles que practicaban sus vecinos cananeos.

Hace algunos años viajé en un avión con un empresario de primera línea de una empresa sudamericana. Al saber que yo era pastor, él me preguntó: y... ¿qué me dice? ¿hay mucha competencia en el mercado de la fe? Aquella pregunta me hizo pensar bastante. Creo que esa competencia existe, y que por eso algunos ministros tratan de tener un dios y un mensaje a gusto del consumidor.

En sus primeros años de operaciones, un conocido restaurante de comida rápida de presencia y fama internacional, tenía exactamente los mismos productos en cualquier país del mundo: básicamente hamburguesas. "No estamos en el negocio de adaptarnos a la gente, sino de que la gente se adapte a nuestra marca", dijo uno de sus directivos más de veinte años atrás. Con el paso de las décadas, la empresa ha cambiado: ahora tiene opciones de "burrito" en México, "pinto" en Costa Rica, "lomito" en Argentina, etc. (por no mencionar sus nuevas ensaladas y promociones dietéticas para los que buscan comida más sana). Es decir, han variado su oferta comercial para tener más clientes.

De la misma manera ocurre con los dioses (con minúsculas) del contexto en el que tú y yo vivimos. Los dioses que nos quieren vender a través de los medios de comunicación. Así, hoy por hoy, hay una amplia gama de "dioses", y líderes que los sirven muy convenientemente:

-- Existe un dios "dictador" o "déspota indiferente" que está lejos de la gente, que solo quiere llenarlos de reglas para ver si las quebrantamos y así nos puede enviar al infierno. Hay grupos de estos y curiosamente tienen mucha gente.

-- Está el dios "salvavidas" o "desechable". Las personas llegan a él solo cuando están con la soga al cuello. Las diferentes formas de promoción que atraen a esta gente son muy atractivas: venga a la iglesia a sentirse mejor; disfrute; descárguese, relájese; aquí no le vamos a exigir ningún cambio.

-- Está también un dios glamoroso, muy producido, estilo "Hollywood". Es el dios de la prosperidad —muchas veces intencionalmente— mal entendida; un dios que no exige nada y que da todo. Es un dios que te quiere hacer creer que, si tú eres pobre, o si estás enfermo, es porque existe alguna clase de pecado en tu vida.

-- Está incluso un dios "títere o marioneta" al que el que ministra se siente con el derecho de mandar u obligarlo a actuar.

-- El predicador de turno escoge su "dios" de preferencia, y como sea su dios, será su mensaje. Y el público escoge el mensaje que más le conviene.

Sin embargo, Pablo nos recuerda en Gálatas 1:7-8 lo siguiente:

⁷En realidad, no hay otro mensaje. Pero digo esto porque hay quienes quieren cambiar la buena noticia de Jesucristo, y confundirlos a ustedes. ⁸De modo que, si alguien viene y les dice que el mensaje de la buena noticia es diferente del que nosotros les hemos anunciado, yo le pido a Dios que lo castigue, no importa que sea un ángel del cielo o alguno de nosotros.

-- Pero también muchas veces tenemos nuestros dioses privados. Nuestros altares personales. Así, idolatramos nuestra carrera o profesión, nuestros bienes materiales o aun nuestra familia. Hay muchos tipos de dioses diferentes, a los cuales podemos dedicar nuestra vida. La lista es interminable.

Pero **¿cuál fue la decisión de Josué?** Él declaró sencilla y contundentemente: "Mi familia y yo hemos decidido dedicar nuestra vida a nuestro Dios".

El único Dios verdadero. Dios con mayúsculas. Un Dios que es infinitamente amor, pero que también es recto y justo y demanda integridad. Un Dios que está listo a perdonarnos cuando nos equivocamos, pero que también nos exige que aprendamos del error para no volver a cometerlo. Un Dios con un mensaje que no cambia, y ese mensaje dice que tenemos que arrepentirnos y cambiar de actitud. Un Dios que no condena si eres pobre, porque quiere prosperarte bendiciendo el fruto de tu trabajo, para que puedas progresar. Un Dios que no te condena tampoco si eres rico, pero que te exige compartir con el que tiene necesidad. Un Dios que promete muchas bendiciones, pero también demanda mucho de nosotros. Un Dios que en su Hijo Jesús se hizo cercano, un amigo que nos comprende, que nos acompaña, que nunca nos deja solos, que nos aconseja, que nos libra, que nos satisface plenamente, que cambia nuestra vida y la de nuestra familia por muchas generaciones. Un Señor maravilloso. ¡Ese fue el Dios al que sirvió Josué!

Bibliografía citada y sugerida

Armerding, Hudson T. (1979). *El líder cristiano: reflexiones y experiencias.* Terrassa. Editorial Clie.

Atiencia, Jorge (1996). *Cómo pastorear y ser pastoreados.* Bogotá. Certeza ABUA.

Barna, George (1995). *El poder de la visión.* Deerfield, Florida. Editorial Vida.

Beall, James y Barber, Marjorie (1980). *El Pastor: líder del Rebaño.* Terrassa. Editorial Clie.

Bennis, Warren y Nanus, Burt (1994). *Líderes: las cuatro claves del Liderazgo eficaz.* Bogotá. Editorial Norma.

Berberián, Samuel (1999). *Hablando de frente con el liderazgo del tercer milenio.* Guatemala. Ediciones Sa-Ber.

Broen, W. Steven (1997). *13 errores fatales en que incurren los gerentes, y como evitarlos.* Colombia. Editorial Norma.

Brown, Guillermo (1989). *Ministrando juntos: un modelo para líderes en la iglesia local.* San José, Costa Rica. AIBC.

Caballero Yoccou, Raúl (1991). *El líder conforme al corazón de Dios.* Miami. Editorial Unilit.

Calderón, Wilfredo (1985). *La administración en la iglesia cristiana.* Miami. Editorial Vida.

Castro, Emilio (s/f). *Pastores del pueblo de Dios en América Latina.* Buenos Aires. La Aurora.

Collins, James C. y Porras, Jerry I. (1995). *Empresas que perduran: principios exitosos de companías triunfadoras.* Bogotá. Editorial Norma.

Covey, Stephen R. (1996). *Liderazgo centrado en principios.* México. Paidós.

Covey, Stephen R. (1998). *Primero, lo primero.* México. Paidós.

Criswell. W. A. (1998). *El Pastor y su ministerio: una guía práctica.* El Paso. Casa Bautista de Publicaciones.

Crutcher, Timothy J. (2015). *Juan Wesley. Una introducción a su vida y pensamiento.* Kansas City. Casa Nazarena de Publicaciones.

D'Souza, Anthony (1997). *Descubre tu liderazgo: manual del Líder.* Santander. Sal Terrae.

Eims, Leroy (1987). *Cómo ser el líder que debieras ser.* Barcelona. Editorial Clie.

Ellis, Lee (2008). *Liderando talentos, liderando equipos.* Miami. Editorial Vida.

Engstrom, Ted W. (1980). *Un Líder no nace, se hace.* Puerto Rico. Editorial Betania.

Engstrom, Ted W. (1986). *Desafío del liderazgo: su don de administración, y como usarlo.* Puerto Rico. Editorial Betania.

Engstrom, Ted W. (1998). *La medida de un líder.* México. Ediciones Las Américas.

Engstrom, Ted W. y Robert C. Larson (1985). *Motivación para toda la vida.* Miami. Editorial Vida.

Fairbanks, E. LeBron (2003). *Cómo Guiar al Pueblo de Dios: un Liderazgo de Servicio para una Comunidad de Servicio.* Lenexa. Casa Nazarena de Publicaciones.

Figueroa, Inés J. (1999). *El Proceso Administrativo en la Iglesia.* Nashville. Editorial Caribe.

Gibbs, Eddie (2007). *Liderar en una cultura de cambios.* Buenos Aires. Peniel.

Gibson, Rowan, ed. (1997). *Repensando el futuro.* Bogotá. Editorial Norma.

Harrison, Buddy (1991). *Cómo comprender la autoridad para dirigir con eficacia.* Tulsa. HH.

Hemphill, Ken (1996). *El modelo de Antioquia: 8 características de una iglesia efectiva.* El Paso. CBP.

Kotter, John P. (1997). *El líder del cambio.* México, D. F. McGraw Hill Interamericana Editores.

Kotter, John P. (1999). *La verdadera labor de un Líder.* México. Editorial Norma.

Leys, Lucas (2001). *Viene David: liderazgo espiritual que funciona.* Buenos Aires. Ediciones Certeza.

MacArthur, John (1999). *El poder de la integridad.* Grand Rapids. Editorial Portavoz.

MacArthur, John (2006). *Liderazgo.* Nashville. Nelson.

Marshall, Tom (1998). *Entendiendo el liderazgo.* Miami. Editorial Unilit.

Maxwell, John C. (1996). *Aprecie a las personas: liderazgo Eficaz mediante relaciones eficaces.* Deerfield, Florida. Editorial Vida.

Maxwell, J. (1996). *Desarrolle el líder que está en usted.* Nashville. Editorial Caribe.

Maxwell, John C. (s/f). *Las 21 leyes irrefutables del liderazgo: una perspectiva bíblica. Edición Internacional.* s/e, s/l.

Maxwell, John y Dornan, Jim (1998). *Seamos personas de influencia.* Nashville. Betania/Caribe.

McKenna, David (2000). *Wesleyanos en el Siglo XXI.* Kansas City. CNP.

Miklos, T. y Tello, M. (2011). *Planeación prospectiva.* México, D. F. Limusa.

Miller, Calvin (1999). *El líder con poder: diez claves del liderazgo de servicio.* El Paso. Editorial Mundo Hispano.

Moreno, Pablo; J. T. (2001). *Comentario Bíblico Mundo Hispano (Tomo 4: Josué y Rut).* El Paso, TX. Mundo Hispano.

Nee, Watchman (1990). *Autoridad espiritual.* Deerfield. Editorial Vida.

Núñez, Emilio A. (1998). *Desafíos pastorales.* Grand Rapids. Editorial Portavoz.

Peters, Thomas J. y Waterman, Robert H. Jr. (1984). *En busca de la excelencia.* México. Lasser Press Mexicana.

Poemas del Alma (s/f). *Amado Nervo: en Paz.* Consultado el 3 de marzo de 2020. En https://www.poemas-del-alma.com/en-paz.htm

Purkiser, W. T. (1969). *La imagen del ministerio en el Nuevo Testamento.* Kansas City. CNP.

Purkiser, W. T. (2010). *Comentario Bíblico Beacon (Tomo 2: Josué a Ester)*. Kansas City, MO. A. F. Harper.

Rice, Howard (2000). *El Pastor como guía espiritual*. Grand Rapids. Editorial Portavoz.

Rush, Myron (1992). *Administración: un enfoque bíblico*. Miami. Editorial Unilit.

Sanders, J. Oswald (1980). *Liderazgo espiritual*. Barcelona. Publicaciones Portavoz Evangélico.

Sanders, J. Oswald (1996). *Pablo, el Líder*. Deerfield. Editorial Vida.

Segura, Harold C. (2006). Más allá de la utopía: liderazgo de servicio y espiritualidad cristiana. Buenos Aires. Kairós Ediciones.

Solís, D. (1996, agosto). *Boletín MAP Internacional*. Quito Ecuador.

Soriano, C. L. (1996). *Gestión y Motivación del Personal*. Madrid. Editorial Diaz de Santos.

Steiner, George A. (1998). *Planeación Estratégica: lo que todo director debe saber*. México. Compañía Editorial Continental.

Stott, J. (1994). *A Mensagem de Atos*. Sao Paulo. ABU Editora S/C.

Stott, John R. W. (1990). *Los problemas del liderazgo cristiano*. Buenos Aires. Ediciones Certeza.

Swindoll, Charles R. (1980). *Pásame otro ladrillo*. Caparra Terrace. Editorial Betania.

Toler, Stan (2000). *El principio de las relaciones interpersonales: transformación de laicos en líderes*. Kansas City. Casa Nazarena de Publicaciones.

Warren, Rick (1998). *Una Iglesia con propósito: cómo crecer sin comprometer el mensaje y la misión*. Miami. Editorial Vida.

White, John y Escobar, Samuel (1980). *Líderes y siervos: lecciones sobre el liderazgo basadas en Nehemías*. Buenos Aires. Ediciones Certeza.

Youssef, Michael (1990). *Liderazgo al estilo de Jesús*. Barcelona. Editorial Clie.

Zenger, John H. y Folkman Joseph (2003). *El Líder Extraordinario: la transformación de Buenos gerentes en grandes líderes*. México, D. F. Panorama Editorial.

Ziglar, Zig (1995). *Más allá de la cumbre*. Miami. Editorial Caribe.